RONDO 1/2

Musiklehrgang für die Grundschule

Herausgeber
Wolfgang Junge

Autoren
Wolfgang Junge
Karl-Heinz Keller
Othmar Kist

Notensatz
Susanne Höppner

Fotos
Karlheinz Arian Kolster
Evelyn Rudolf

Layout
Assen Münning

Illustrationen
Elisabeth Lottermoser
Assen Münning

Mildenberger

Inhalt

Hey hallo, wir sind jetzt in der Schule

A 1

REFRAIN

STROPHE

2. In der Schule, da sind unsre Freunde,
ja bei uns, da sind wir nicht allein,
in der Schule kann man viel erleben,
es ist schön, bei uns zu sein.
Hey hallo …

Text und Melodie (geändert): Roland Leibold

1 Über den Text sprechen (Erwartungen, Wünsche, Eindrücke …).

2 Zum Refrain die dargestellten Bewegungen ausführen. Zu den Strophen noch andere Bewegungen erfinden (auf der Stelle gehen, sich drehen, patschen …).

Hände drücken

A 2

2. Hände klatschen, Hände klatschen ist 'ne schöne Kunst …
   Ich klatsche mit der rechten Hand, ich …

3. Finger schnipsen, Finger schnipsen ist 'ne schöne Kunst …
   Ich schnipse mit der rechten Hand, ich …

4. Lustig winken, lustig winken ist 'ne schöne Kunst …
   Ich winke mit der rechten Hand, ich …

5. Haare kämmen, Haare kämmen ist 'ne schöne Kunst …
   Ich kämme mit der rechten Hand, ich …

6. Zähne putzen, Zähne putzen ist 'ne schöne Kunst …
   Ich putze mit der rechten Hand, ich …

7. …

Text: Rolf Krenzer Melodie: Inge Lotz

1 Den Text im Melodierhythmus sprechen und den Wechsel der Hände üben.

2 Zum Lied die entsprechenden Bewegungen ausführen.

3 Weitere Strophen ausdenken.

Guten Morgen

A 3

2. … wir lachen uns zu …
3. … wir zwinkern uns zu …
4. … wir nicken uns zu …
5. … wir klatschen uns zu …
6. … wir schnipsen uns zu …
7. …

Text: Rolf Krenzer
Melodie: Inge Lotz

Guten Morgen, guten Morgen, **wir winken uns zu.** **Guten Morgen, guten Morgen,** **erst ich und dann** **du.**

1 Das Lied singen, den Melodieverlauf besprechen und mit der Hand anzeigen.

2 Das Lied mit Gesten, Mimik … gestalten und auswendig vortragen.

3 Eigene kleine Dialoge zur Begrüßung sprechen und singen.

Komm, gib mir deine Hand

A 4

2. Komm, gib mir deine Hand, ja …
   Komm und hak dich bei mir ein
   und schon sind wir bekannt, ja.
   Komm und … sind wir bekannt.

3. Komm, gib mir deine Hand, ja …
   Leg den Arm um meinen Rücken,
   schon sind wir bekannt, ja.
   Leg den Arm … sind wir bekannt.

4. Komm, gib mir deine Hand, ja …
   Komm, wir drehen uns im Kreise,
   schon sind wir bekannt, ja.
   Komm, wir … sind wir bekannt.

5. Komm, sag „Auf Wiedersehn", ja …
   Deine Hand in meine Hand,
   es war so wunderschön, ja.
   Deine Hand … so wunderschön.

Text: Rolf Krenzer Melodie: Inge Lotz

1 Den Text im Melodierhythmus sprechen und dazu klatschen, schnipsen …

2 Handfassungen und Tanzbewegungen mit dem Partner üben.

Wenn ich glücklich bin

A 5

2. Wenn ich wütend bin, sag ich dir,
ja, dann stampf und brüll ich wie ein wilder Stier.
Solche Sachen kommen mir so in den Sinn,
wenn ich wütend bin, wütend bin.

3. Wenn ich albern bin, fällt mir ein,
ja, dann quiek ich manchmal wie ein kleines Schwein.
Solche Sachen kommen mir so in den Sinn,
wenn ich albern bin, albern bin.

4. Wenn ich traurig bin, stell dir vor,
ja, dann heul ich wie ein Hofhund vor dem Tor.
Solche Sachen kommen mir so in den Sinn,
wenn ich traurig bin, traurig bin.

5. Wenn ich fröhlich bin, hör mal zu,
ja, dann pfeif ich wie ein bunter Kakadu.
Solche Sachen kommen mir so in den Sinn,
wenn ich fröhlich bin, fröhlich bin.

Text und Melodie: Klaus W. Hoffmann

1 Über Stimmungen und Gefühle sprechen.

2 Das Lied mit stimmlichem Ausdruck zum Text passend singen, dabei die Pausen am Ende jeder Zeile mit Stimmlauten (quak …) ausfüllen.

3 Das Lied aufnehmen und das Ergebnis gemeinsam auswerten (Tempo, Lautstärke …).

Wir werden immer größer

A 6

2. Wir werden immer größer, das merkt jedes Schaf.
Wir werden immer größer, sogar im Schlaf.
Ganz egal, ob's regnet, donnert oder schneit:
Wir werden immer größer und auch gescheit.

3. Wir werden immer größer, darin sind wir stur.
Wir werden immer größer, in einer Tour.
Auch wenn man uns einsperrt oder uns verdrischt.
Wir werden immer größer, da hilft alles nichts.

Text: Volker Ludwig Melodie: Birger Heymann

1 Den Liedinhalt durch Gesten und Bewegungen ausdrücken.

2 Kleine Szenen spielen, die vom Größerwerden handeln (Veränderungen, Vorstellungen, Wünsche …).

Wir gehen jetzt im Kreise

A 7

2. Wir machen kleine Schritte
und trippeln in die Mitte.
So machen wir, so machen wir
kleine Schritte.

3. Nun woll'n wir rückwärtsgehen,
ganz hoch auf unsern Zehen.
So wollen wir, so wollen wir
rückwärtsgehen.

4. Wir stampfen wie die Pferde,
es zittert schon die Erde.
So stampfen wir, so stampfen wir
wie die Pferde.

5. Wir schleichen wie die Katzen
auf ihren weichen Tatzen.
So schleichen wir, so schleichen wir
wie die Katzen.

6. Wir schlafen wie die Riesen,
mh mh mh mh mh mh mh.
Doch plötzlich, doch plötzlich
müssen wir niesen.
(Alle: Hatschi!)

Text: Rolf Krenzer
Melodie: Detlev Jöcker / Lele Oppenheimer

1 Verschiedene Bewegungsmöglichkeiten erproben.
2 Die unterschiedlichen Strophen in entsprechender Lautstärke singen.

Was tun wir denn so gerne hier im Kreis

A 8

Text und Melodie: Karl Foltz

1 Die dargestellten Bewegungen spielerisch üben.

2 Weitere Strophen und Bewegungsformen erfinden.

Hört mal, ich klatsch euch was vor

A 9

2. Hört mal, ich pfeif …
3. Hört mal, ich stampf …
4. Hört mal, ich schnalz …
5. Hört mal, ich patsch …
6. Hört mal, ich nies …
7. Hört mal, ich …

Text: B. Hering / W. E. Hering / B. Meyerholz
Melodie: volkstümlich

1. Den Text im Melodierhythmus sprechen und die Pausen mit Körperinstrumenten und Stimme ausfüllen.
2. Gleiche Melodiebausteine entdecken und den Melodieverlauf mit der Hand anzeigen.
3. Den Melodieverlauf grafisch notieren.

It's so easy

A 10

Text und Melodie: Sonja Dunn

1

It's so easy to say hello ...,
to say hello to you.

2

It's so easy to shake a hand ...,
to shake a hand with you.

3

It's so easy to share some cake ...,
to share some cake with you.

4

It's so easy to tap a toe ...,
to tap a toe with you.

5

It's not easy to say goodbye ...,
to say goodbye to you.

1 Den Text im Melodierhythmus sprechen und dazu das Metrum klatschen, schnipsen ...

2 Weitere Strophen ausdenken (Text, Bewegung).

Mein Weg zur Schule

A 11

REFRAIN

SPRECHEN

1. Aus dem Haus geradeaus,
an der Fahrbahn bleib ich stehn,
ich seh nach links und rechts und links,
wenn alles frei ist, kann ich gehn.

SINGEN

Mein Weg zur Schule …

SPRECHEN

2. Und an der großen Kreuzung dann,
seh ich mir erst die Ampel an.
Und springt sie um von Rot auf Grün,
dann kann ich endlich weiterziehn.

SINGEN

Mein Weg zur Schule …

SPRECHEN

3. Zur nächsten Ecke geh ich hin,
bis ich am Zebrastreifen bin,
und da kann ich erst weitergehn,
wenn wirklich alle Autos stehn.

SINGEN

Mein Weg zur Schule …

Text: Rolf Zuckowski   Melodie: aus England

1 Über das richtige Verhalten im Straßenverkehr (Umgebung, Schulweg, Kreuzung …) sprechen.

2 Den Inhalt der Strophen in einem Verkehrsspiel darstellen.

Verkehrsgeräusche

1. Verkehrsgeräusche unterscheiden und den Fahrzeugen zuordnen.
2. Weitere Verkehrs- oder Straßengeräusche finden und mit der Stimme imitieren.
3. Eine Straßenszene gestalten, aufnehmen und besprechen.
4. Im Klassenzimmer oder auf dem Schulhof Übungen zum Richtungshören durchführen (→ S. 18).

Instrumente erproben – Zeichen für Klänge

A 19 bis 27

1. Die Rhythmusinstrumente frei und mithilfe der Bilder A bis E erproben. Eigene Zeichen für die Klänge erfinden.
2. Einteilen der Instrumente nach Material, Tondauer, Tonhöhe …
3. Die vorgegebenen Zeichen auf den Instrumenten klanglich umsetzen.
4. Den Hörbeispielen A 19 bis 27 die Instrumente zuordnen.

METALLOFON

GLOCKENSPIEL

XYLOFON

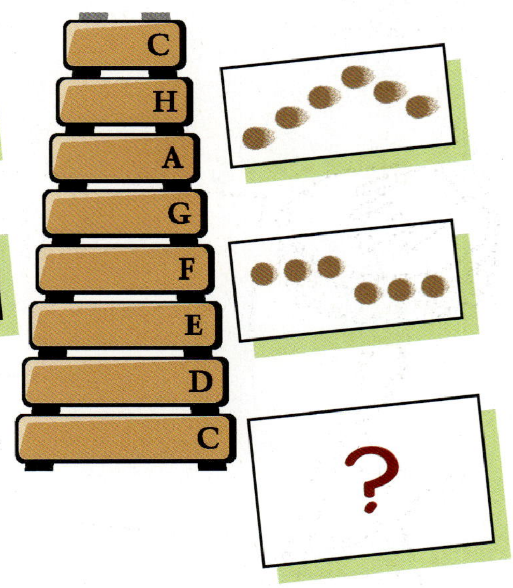

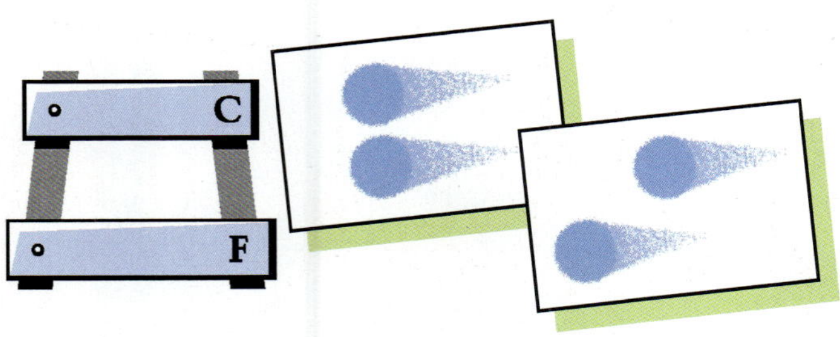

5 Mit Metallofon, Glockenspiel und Xylofon die Bilder A bis C vertonen. Dabei auf Schlägelhaltung, Schlägelführung und Anschlag achten.

6 Experimentieren und Improvisieren mit Stabspielen (ausgewählte Tonfolgen, kleine Melodien, Tonleitern, Glissandi …). Eigene Zeichen für die Klangergebnisse erfinden.

7 Die vorgegebenen Zeichen auf den Instrumenten klanglich umsetzen.

8 Den Klängen der Instrumente (A 28 bis 37) die passenden Zeichen zuordnen.

Hör-Spiele mit Instrumenten

Auf das klingende Instrument zeigen und es benennen.

Auf das am lautesten erklingende Instrument zeigen und es benennen.

Dem Klang eines Instruments folgen.

Zwischen zwei klingenden Instrumenten hindurchgehen.

SPIEL 5

Wenn die Trommel erklingt, frei im Raum umhergehen.

Wenn Trommel und Klanghölzer erklingen, sich paarweise im Kreis drehen.

SPIEL 6

Wenn die Trommel laut erklingt, kräftig stampfen.

Wenn die Trommel leise erklingt, auf den Zehenspitzen gehen.

SPIEL 7

Zum hohen Ton des Metallofons sich strecken.

Zum tiefen Ton des Metallofons in die Hocke gehen.

Nachts ist alles dunkel

A 38

A

2. Danke, liebe Sterne, immer seid ihr hier,
auch wenn ich's nicht sehen kann, so leuchtet ihr.
Kann ich nachts nicht schlafen, denk an die Sterne ich,
und das hellste Sternchen glitzert nur für mich.

Text und Melodie: Gerda Bächli

A

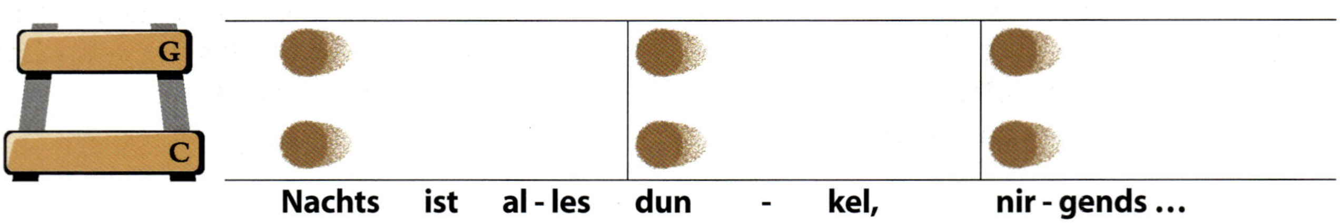

B

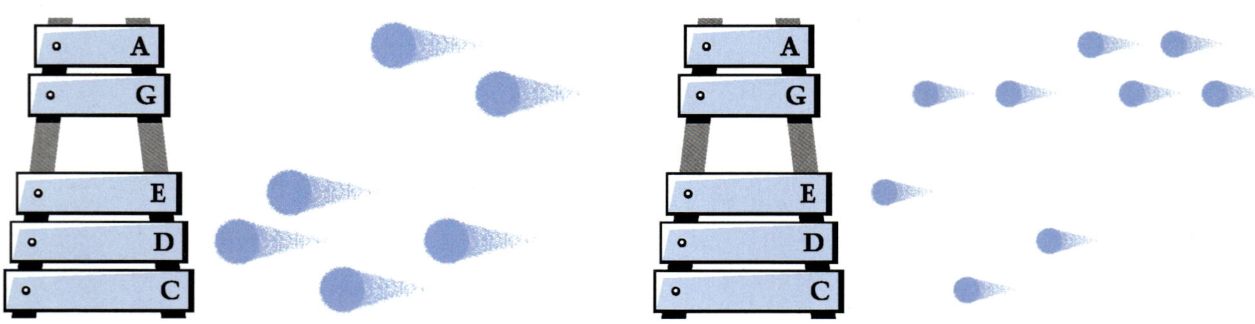

1 Das Lied mit Xylofon, Metallofon und Glockenspiel begleiten.
Teil A: Bordun mit den Tönen C und G als Begleitung.
Teil B: Pentatonische Begleitung als improvisierte Sternenmusik.

2 Die Sternenmusik auch als Vor-, Zwischen- und Nachspiel verwenden.

3 Beim Singen und Musizieren des Liedes Grundschlag und Metrum empfinden (klatschen, gehen ...).

4 Das Lied und die instrumentale Begleitung aufnehmen und über das Ergebnis sprechen.

Wir sind zwei Musikanten

A 39

2. Wir sind zwei Musikanten …
   Wir können spielen Vi-o-vi-o-vi-o-lin,
   wir können spielen auf dem großen Bass.
   Und wir könn'n tanzen …

3. Wir sind zwei Musikanten …
   Wir können spielen Vi-o-vi-o-vi-o-lin,
   wir können spielen auf der kleinen Flöt'.
   Und wir könn'n tanzen …

4. Wir sind zwei Musikanten …
   Wir können spielen Vi-o-vi-o-vi-o-lin,
   wir können spielen auf der dicken Pauk'.
   Und wir könn'n tanzen …

5. Wir sind zwei …

Text und Melodie: volkstümlich

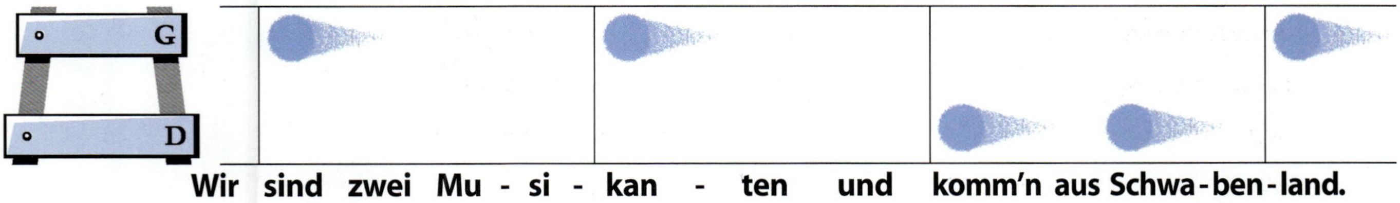

1 Beim Singen die Spielweise der Instrumente nachahmen.

2 Auch Strophen erfinden, in denen andere Instrumente vorkommen.

3 Das Lied auf dem Metallofon begleiten und dabei den Harmoniewechsel D – G beachten.

Großer König Tinizong

A 40

Text und Melodie: Gerda Bächli

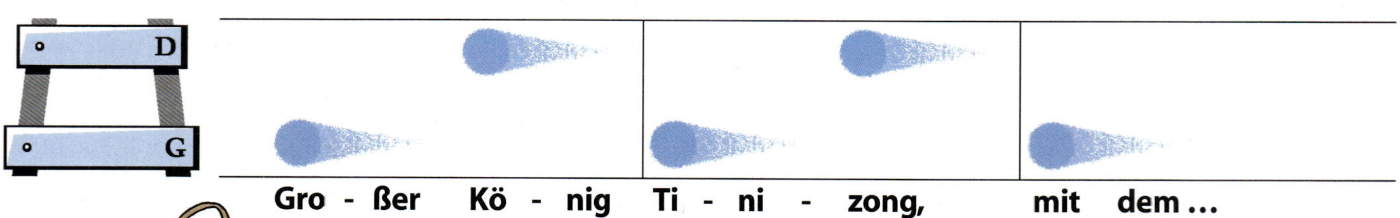

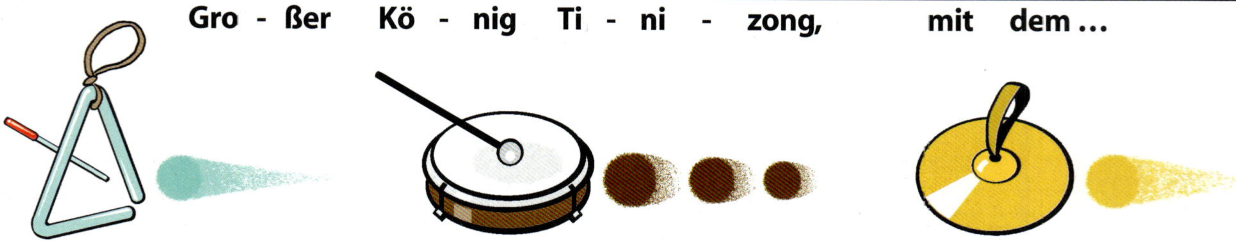

1. Wünsche des Königs erfinden und diese im freien Sprechgesang vortragen.
2. Die Wünsche des Königs darstellen, solange der Gong klingt (auf einem Bein stehen, sich verneigen, eine Melodie pfeifen …).
3. Das Lied auf dem Metallofon im Ostinato G – D beidhändig begleiten, dabei auf ein gleichmäßiges Tempo achten.

Bruder Jakob

A 41

Text und Melodie: aus Frankreich

FRANKREICH:

Frère Jaques, Frère Jaques, dormez vous, dormez vous?
Sonnez les matines, Sonnez les matines!
Ding, dang, dong! Ding, dang, dong!

ENGLAND:

Are you sleeping, are you sleeping, Brother John, Brother John?
Morning bells are ringing, morning bells are ringing!
Ding, dang, dong! Ding, dang, dong!

ITALIEN:

Fra Giaccomo, Fra Giaccomo, dormi tu, dormi tu?
Suona le campane, suona le campane!
Ding, dang, dong! Ding, dang, dong!

TÜRKEI:

Jakub usta, Jakub usta, haydi kalk, haydi kalk?
Işte sabah oldu, işte sabah oldu!
Ding, dang, dong! Ding, dang, dong!

BEGLEITUNG

1. Das Lied in verschiedenen Sprachen singen und dazu passende Bewegungen ausführen.
2. Beim Singen und Musizieren des Liedes die Lautstärke zunehmend steigern.
3. Das Lied auch auf Tonsilben singen (ding, dong, mi …).

Reime gestalten und erfinden

Sieben dicke Riesen
stapfen durch die Wiesen. Und
als die Winde bliesen, da
kriegten sie das Niesen.
Hatschi!

Sie - ben di - cke Rie - sen

stap - fen durch die Wie - sen. Und …

Roller, Roller, rattatat.
Wenn Robert einen Roller hat,
dann rollt er durch die ganze Stadt.
Roller, Roller, rattatat.

Rol - ler, Rol - ler, rat - ta - tat.

Sale sole sule,
wir gehen in die …
Mitze motze matze,
Reiner hat ne …
Pongel pungel pingel,
mein Fahrrad …
Fause feise fäuse,
…

Sa - le so - le su - le,

No na ni,
du erwischst mich nie.
Ni na no,
…
No ni na,
…

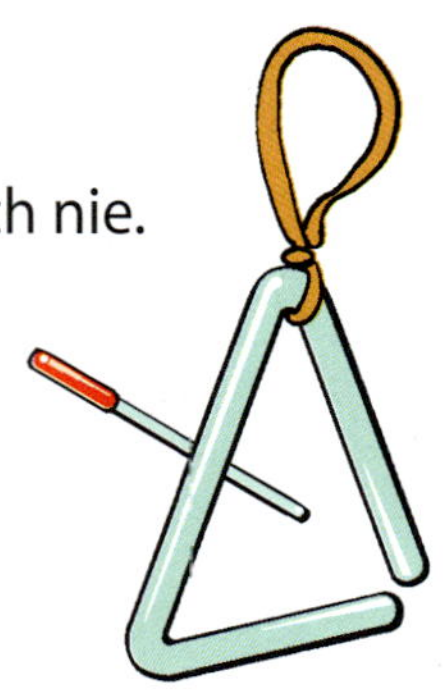

No na ni,

du er - wischst mich nie.

1. Den Sprechrhythmus mit Körper- und Rhythmusinstrumenten unterstützen.
2. Texte deutlich artikuliert vortragen und durch Gestik und Mimik darstellen.
3. Texte unterschiedlich sprechen (schnell – langsam, laut – leise, hoch – tief …).

Jump,	**Jum -**	**ping**	**Jack.**

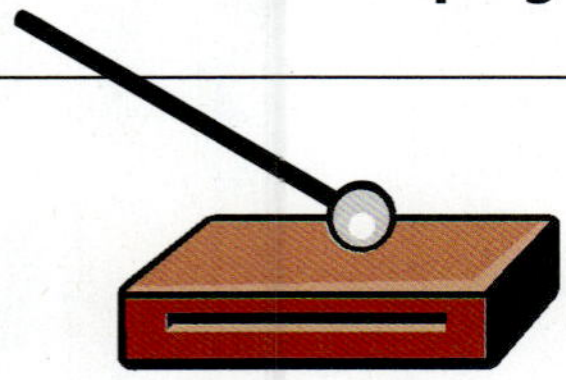

Jump, Jumping Jack.
Your shoes are black.
Your mouth is big,
Your nose is long,
Your legs are thin.
They are not strong.
Jump, Jumping Jack.

Hi -	**cko -**	**ry,**	**di -**	**cko -**	**ry,**	**dock.**

Hickory, dickory, dock.
The mouse ran up the clock.
The clock struck **„one“**.
The mouse ran down.
Hickory, dickory, dock.

E -	**ne**	**me -**	**ne**	**Mis -**	**te.**

Ene mene Miste.
Es rappelt in der Kiste.
Ene mene meck
und du bist weg.

mündlich überliefert

Ich wünsch' dir einen guten Tag
und dass dich heute jeder mag,
dass du froh aufgestanden bist
und dass dir schmeckt, was du heut' isst,
und dass der Tag dir bis zur Nacht
viel Freude macht.

Rolf Krenzer

Ich	**wünsch' dir**		**ei -**	**nen**	**gu -**	**ten**	**Tag**

4 Eigene Reime erfinden und mit Instrumenten gestalten.
5 Den Sprechrhythmus der Reime grafisch notieren.
6 Zu Reimen einfache Melodien erfinden und daraus kleine Lieder gestalten.
7 Ergebnisse aufnehmen, anhören und besprechen.

Atem-Spiele

Tief in den Bauch einatmen

Gerade stehen oder sitzen

Fallschirmchen einer Pusteblume wegblasen

An einer Rose riechen

Spöttisch p-Laute ausstoßen

Gegen ein Blatt Papier blasen

Gähnen

Staunen

Eine Kerze ausblasen

1 Langsames, ruhiges Einatmen durch die Nase und bewusstes, entspanntes Ausatmen durch den Mund üben.

2 Beim Atmen auf eine entspannte Körperhaltung achten (aufrecht stehen oder sitzen, tief in den Bauch einatmen …).

3 Mit Atem-Spielen und entsprechender Körperhaltung das Singen vorbereiten.

A 42 bis 46

1. Hörbeispiele (A 42 bis 46) den Bildern 1 bis 5 zuordnen.
2. Die Bilder mit der Stimme (tick, blob, na, uuu, sss, brrr, pfff, mm …) klanglich umsetzen. Die Bilder auch leise, laut, schnell, langsam, hoch, tief, kurz, lang … zum Ausdruck bringen.
3. Mit der Stimme experimentieren (müde, fröhlich, ängstlich, aufgeregt …).
4. Weitere Stimm-Spiele ausdenken (Wespenflug, Sirene, Hürdenläufer …).

La - le - lu

A 47

Text und Melodie: Heino Gaze

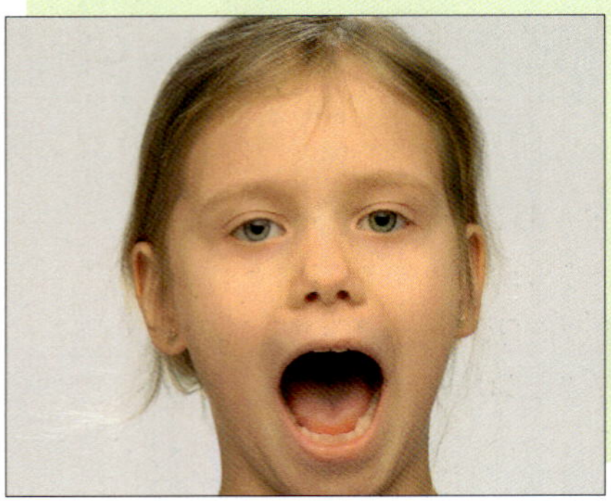

AAAAA

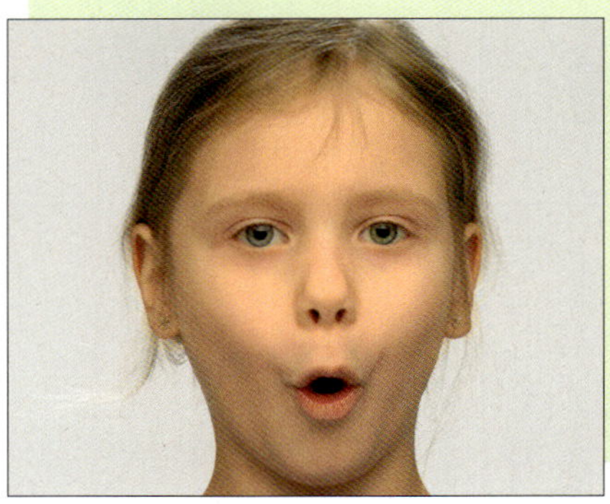

OOOOO

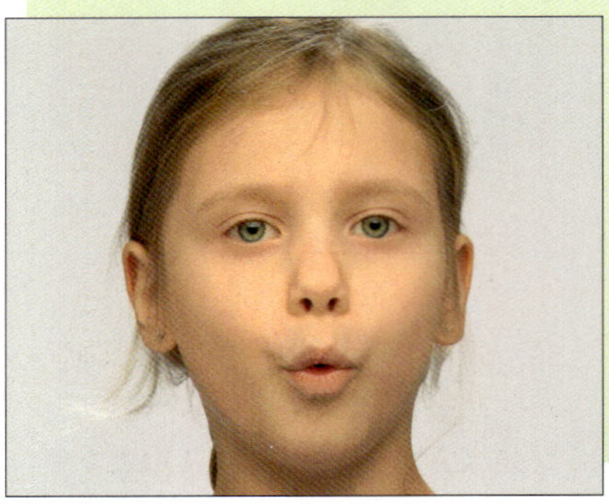

UUUUU

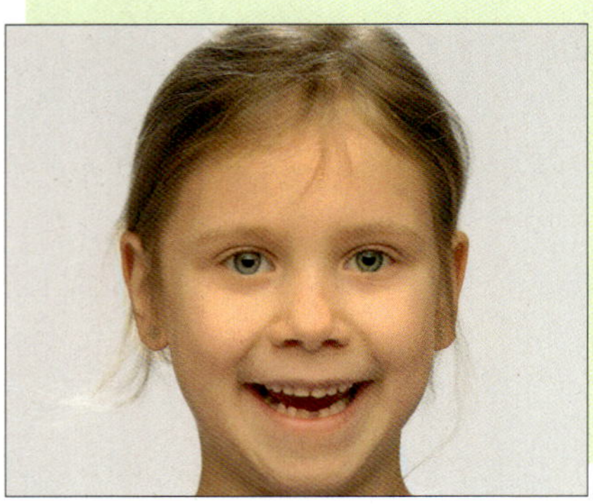

EEEEE

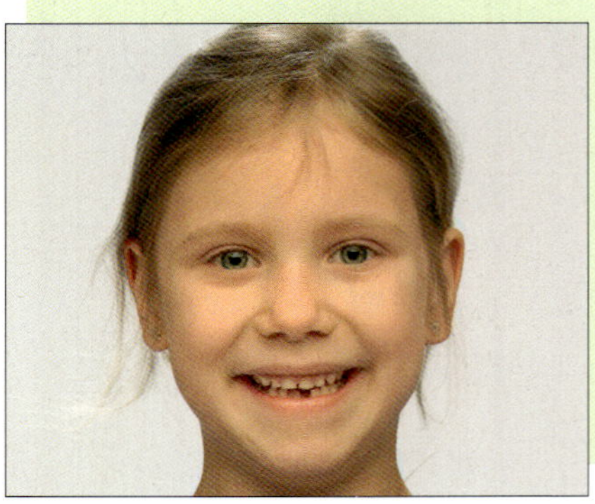

IIIII

1 Die richtige Mundstellung zur Bildung der Vokale üben.

2 Das Lied auf Silben in Verbindung mit Konsonanten singen (no, na, ne, mu, mi, mo …).

3 Mit der Stimme experimentieren (müde, fröhlich, ängstlich, aufgeregt …).

Ich brauche kein Orchester

A 48

STROPHE

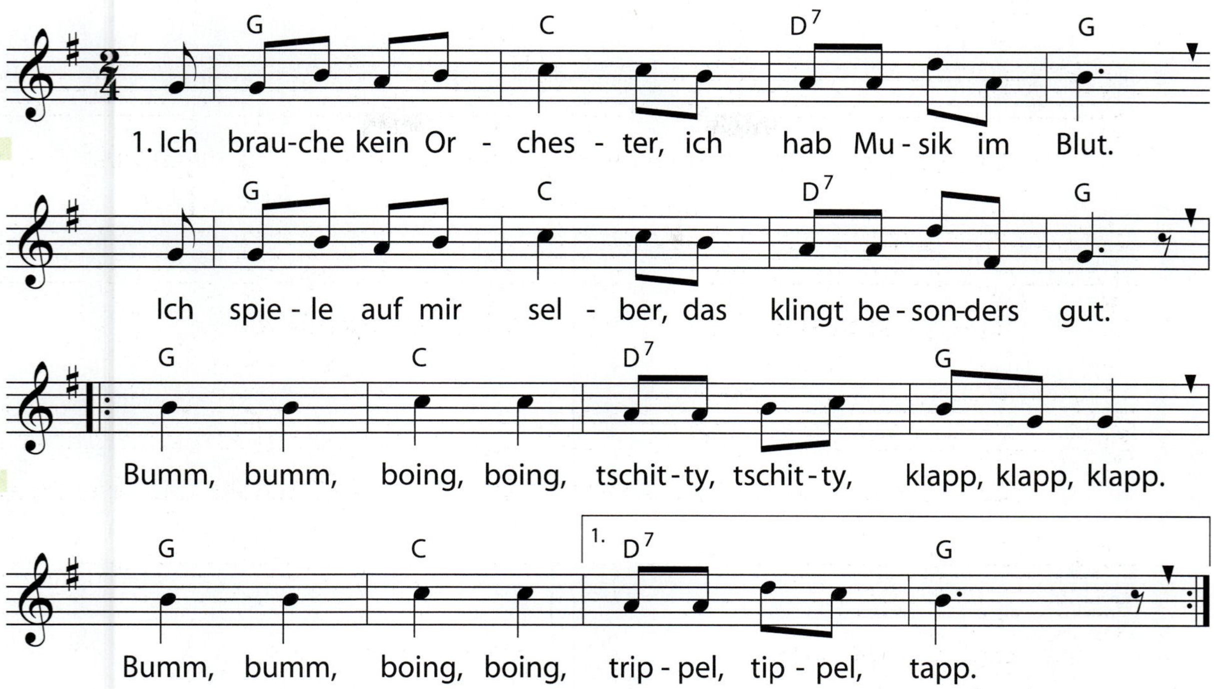

REFRAIN

2. Ich brauche kein Orchester …
Ich schnipse mit den Fingern,
das klingt besonders gut.
Bumm, bumm …

3. Ich brauche kein Orchester …
Ich klatsche in die Hände,
das klingt besonders gut.
Bumm, bumm …

4. Ich brauche kein Orchester …
Ich reibe meine Ohren,
das klingt besonders gut.
Bumm, bumm …

5. Ich brauche kein Orchester …
Ich patsche auf die Knie,
das klingt besonders gut.
Bumm, bumm …

6. Ich brauche kein Orchester …
Ich stampfe mit den Füßen,
das klingt besonders gut.
Bumm, bumm …

7. Ich brauche …

Text und Melodie: Wolfgang Spode

1. Beim Singen die entsprechenden Körperinstrumente einsetzen.
2. Zum Refrain eine Bewegungsgestaltung erfinden.
3. Strophe und Refrain unterscheiden (Text, Melodie, Bewegungen …).
4. Zum Refrain auch andere Silbenfolgen singen (z.B. bäng, bäng, tu, tu, pa-ta, pa-ta, tscheck, tscheck, tscheck).

Ein Gewitter kommt

A 49, 50

1 Zu den Bildern eine Geschichte erzählen.

2 Passende Instrumente auswählen. In Gruppen eine Klanggestaltung realisieren. Dabei auf Lautstärke (crescendo und decrescendo), Tempo und Klangfarbe achten.

3 Klanggestaltung aufnehmen, anhören und besprechen.

4 „Stille vor dem Sturm" (A 49) und „Gewitter und Sturm" (A 50) aus „Eine Alpensinfonie" von Richard Strauss hören. Höreindrücke beschreiben (Wirkung, Lautstärke, Tempo …).

Timbos Abenteuer – eine Klanggeschichte

Timbo hört in der Ferne dumpfes Trommeln.
„Was bedeutet das?" Timbo will es genau wissen.
Er schleicht durch den Urwald.
Grillen zirpen, Affen unken, Papageien …
Timbo entdeckt ein Dorf.
Kinder rennen, Hunde bellen, Frauen stampfen Hirse …
Die Dorfältesten sitzen mit dem Häuptling um das
Feuer und beraten geheimnisvoll flüsternd.
Plötzlich wird Timbo entdeckt …

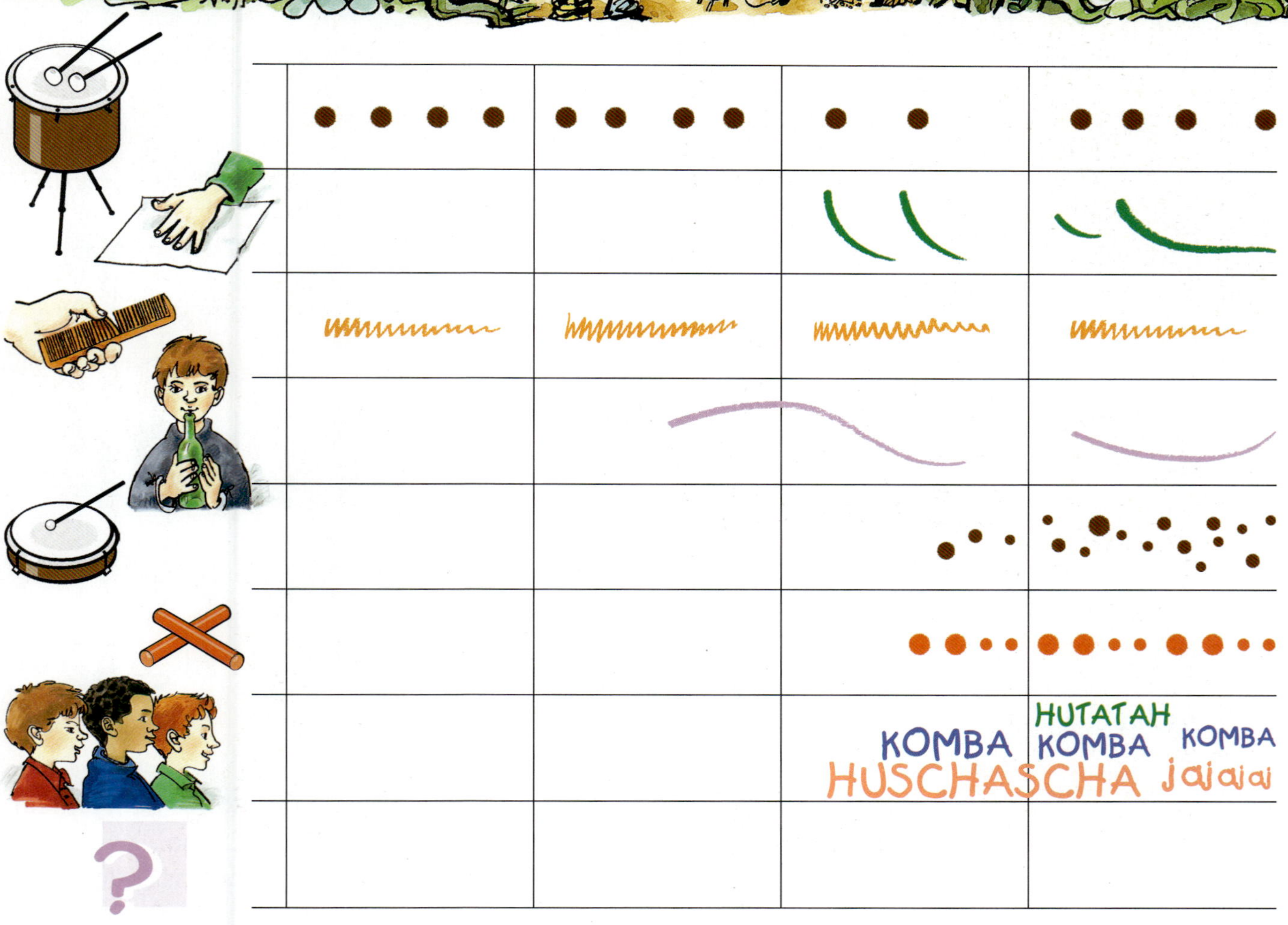

1. Unvollständige Geschichte ergänzen.
2. Geschichte mit Stimme, Instrumenten, Geräuschen … musikalisch darstellen.
3. Den Verlauf der Klanggeschichte in einem Plan festhalten.
4. Weitere Geschichten ausdenken und klanglich gestalten (Szenen aus Comics …).

Das hässliche Entlein

Eine Ente saß auf ihrem Nest und brütete ihre Jungen aus. Endlich platzte ein Ei nach dem anderen auf.

Die Jungen streckten die Köpfe heraus und piepsten. Es waren lauter hübsche Entenkinder – bis auf eins: Das war sehr groß und hässlich.

Am nächsten Tag watschelte die Entenfamilie zum Entenhof.

Die anderen Enten starrten sie an und sagten: „Pfui! Wie das eine Entlein aussieht!“ Und das arme Entlein wurde verspottet und gebissen. Das machte das Entlein sehr traurig. Die Mutter hatte es dennoch lieb und versuchte es zu trösten. Doch trotzdem lief es heimlich fort.

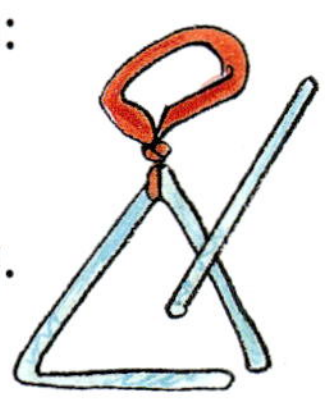

Es gelangte zu einem großen Moor. „Piff! Paff!“, knallte es plötzlich und das Entlein erschrak. Jäger waren auf Entenjagd.

Auf einmal stand ein Jagdhund vor dem Entlein und fletschte bedrohlich die Zähne. Aber dann ging er wieder, ohne das Entlein zu packen. Da seufzte es: „Ich bin so hässlich, dass mich selbst der Hund nicht beißen mag!“

Der Herbst kam.
Es war kalt und windig.
Das Entlein fror.

Eines Abends sah es einen Schwarm von Schwänen.
Sie waren groß, weiß und schön.
Sie flogen über die Winterzeit in den Süden.
Das Entlein sah ihnen traurig nach und
wünschte sich, so schön zu sein wie sie.

Als der Frühling kam, sah das Entlein drei prächtige Schwäne auf dem Wasser schwimmen.

Es flog zu ihnen. Es neigte den Kopf hinab und erwartete Spott und Hohn.
Aber was sah es in dem klaren Wasser?

Es sah sein eigenes Bild:
Es war kein hässlicher, grauer Vogel mehr,
sondern es war selbst ein Schwan!
Kinder sahen es und riefen: „Der Neue ist der schönste! So jung und prächtig!"

Und die alten Schwäne verneigten sich vor ihm.
Da rief der neue Schwan:
„So viel Glück habe ich mir nicht träumen lassen,
als ich noch das hässliche Entlein war!"

nach Hans Christian Andersen

1 Inhalt der Geschichte anhand der Bilder beschreiben.

2 Den Text vorlesen und nach den entsprechenden Wörtern, Sätzen oder Abschnitten mit Instrumenten gestalten. Hierzu passende Instrumente auswählen, auf Lautstärke und Tempo achten.

3 Die Klanggestaltung aufnehmen, anhören und besprechen.

Zur Musik malen

A 51 bis 53

1. „La Mourisque" (A 51) von Tilmann Susato, „Prélude" (A 52) von Marc-Antoine Charpentier und „Instrumentalpop" (A 53) von Christian Crämer hören. Dabei besonders auf die unterschiedliche Lautstärke achten.
2. Die drei Musikstücke den Bildern A bis C zuordnen. Entscheidungen begründen.
3. Zur Musik eigene Bilder malen und die Ergebnisse vergleichen.

1

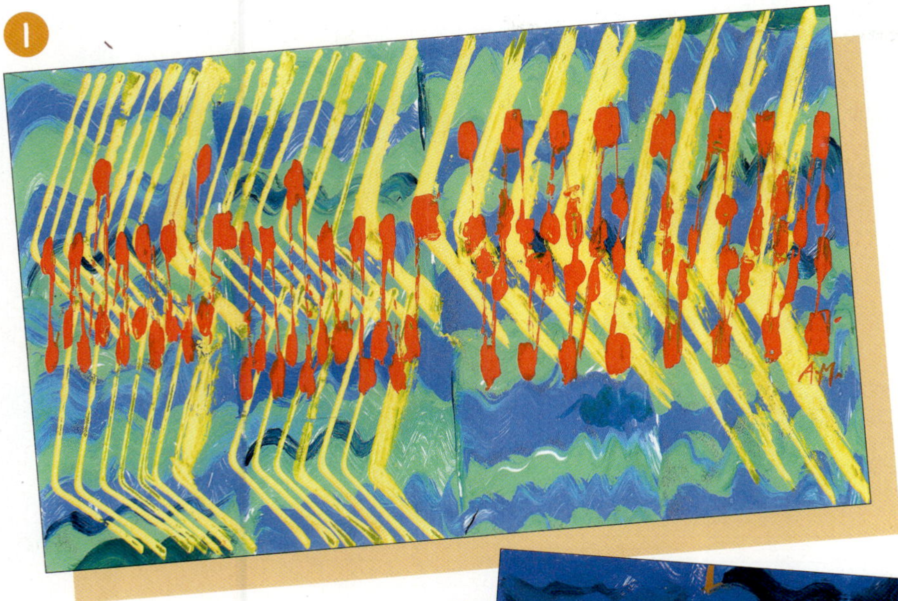

2

3

1 „Intrade" (A 54) von Gunild Keetman hören. Unterschiedliche Teile entdecken, dabei auf Besetzung, Klangfarbe, Melodie … achten.

2 Die Musikteile den Bildern zuordnen und Entscheidungen begründen.

3 „Heller Schein" (A 55) und „Tiefe Nacht" (A 56) von Christian Crämer hören und durch eigene Farben und Formen darstellen.

Guten Morgen, guten Morgen!

A 57

GUTEN MORGEN

· Deutschland ·

GOOD MORNING

· England ·

BUENOS DIAS

· Spanien ·

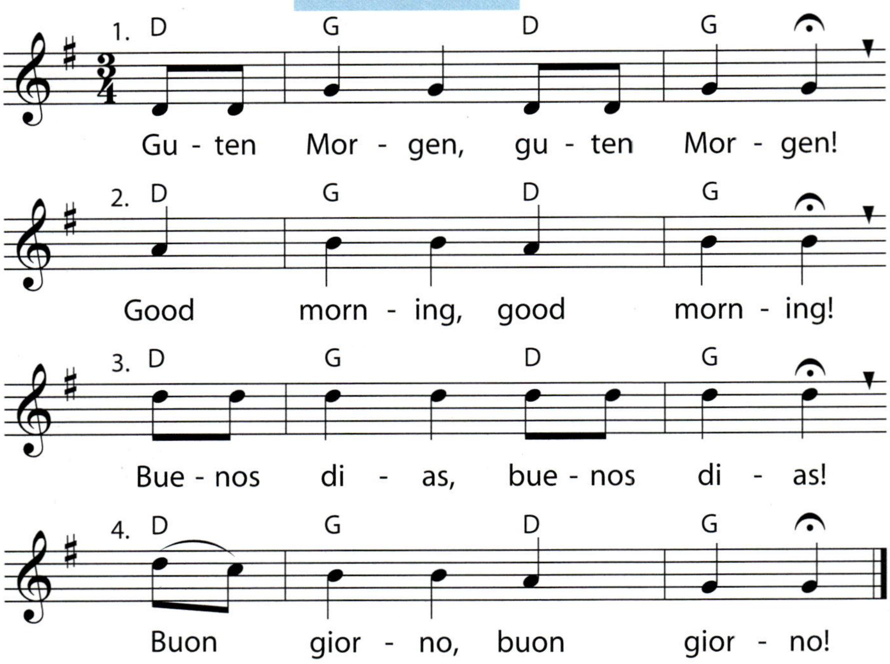

BUON GIORNO

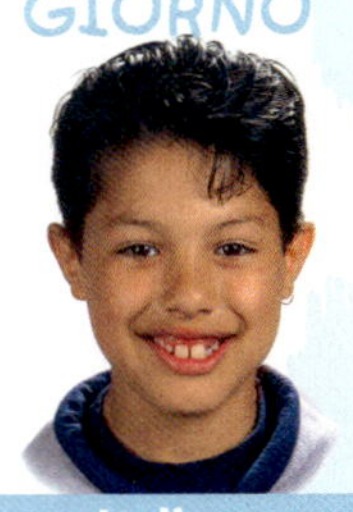

· Italien ·

GÜNAYDIN

· Türkei ·

Text: Peter Fuchs / Willi Gundlach
Melodie: volkstümlich

KALIMERA

· Griechenland ·

BONJOUR

· Frankreich ·

BEGLEITUNG

1 Den Text im Melodierhythmus sprechen.

2 Das Lied singen und dabei den Melodieverlauf mit der Hand anzeigen.

3 Das Lied im Kanon singen (z.B. zweistimmig) und mit passenden Gesten und Bewegungen ausgestalten.

4 Weitere Morgengrüße in anderen Sprachen singen.

5 Eigene kleine Melodien mit Morgengrüßen und kleinen Dialogen erfinden.

6 Den Tonhöhenverlauf der Morgengrüße und Dialoge mit passenden Gesten und Bewegungen verdeutlichen.

7 Texte (rote Kärtchen) den grafischen Notationen (blaue Kärtchen) zuordnen.

Guten Morgen, liebe Sonne

A 58

2. Alle Blumen, alle Vögel, alle Kinder sind schon wach,
alle singenden Lerchen und der Spatz unterm Dach,
und der Spatz unterm Dach.
Guten Morgen, guten Morgen, guten Morgen, lieber Tag!

3. Bring uns Freude, so viel Freude, wie es Blumen gibt im Feld,
und ein Lied auch am Abend, das dem Herrgott gefällt,
das dem Herrgott gefällt.
Guten Morgen, guten Morgen, guten Morgen, schöne Welt!

Text: Erich Colberg *Melodie: Hans Poser*

VOR-, ZWISCHEN- UND NACHSPIEL

1. Den Textinhalt klären (Hag = eingezäuntes Gelände).
2. Den Text bewusst im Melodierhythmus sprechen.
3. Über das Aufwachen und Aufstehen sprechen.

Morgenstimmung

A 59

Edvard Grieg

1 „Morgenstimmung“ (A 59) aus der „Peer-Gynt-Suite“ von Edvard Grieg hören. Über Stimmung, Lautstärke, Instrumente … sprechen. Die Höreindrücke auch durch Malen eines Bildes wiedergeben.

2 Die Musik in einer Bewegungsgestaltung mit farbigen Tüchern darstellen. Dabei vor allem auf den Wechsel der Soloinstrumente achten.

3 Den Verlauf der Musik am farbigen Plan mitzeigen, dabei zur Querflöte auf „dü“ und zur Oboe auf „no“ mitsingen.

Blinke, blinke, kleiner Stern

A 60

Text: Wilhem Twittenhoff
Melodie: aus Ungarn

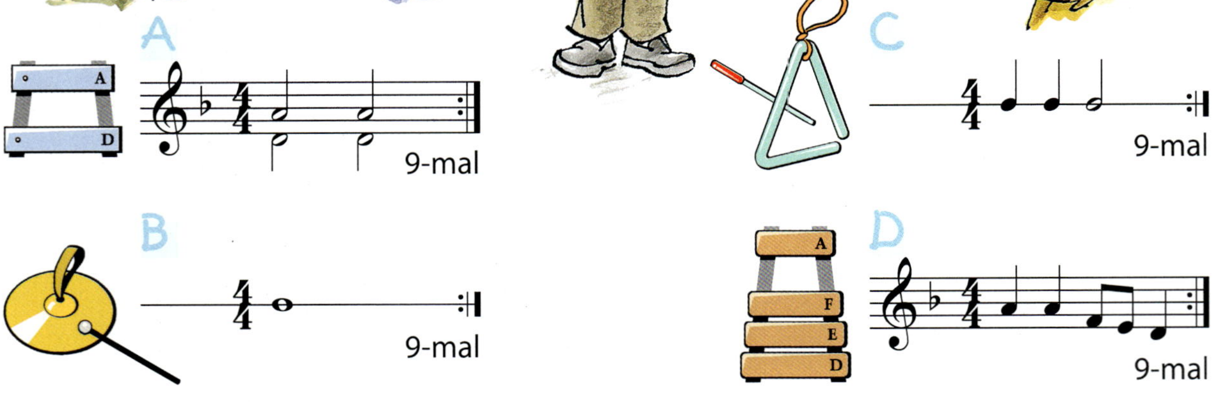

1 Lied einüben (Melodieverlauf mit der Hand anzeigen, grafisch notieren ...).

2 Zum Lied ein Klang- und Bewegungsspiel gestalten:
Als Vorspiel die Bausteine A bis D nacheinander hinzufügen. Das Lied singen und dazu im Kreis gehen. Als Begleitung die Bausteine einsetzen.

3 Vorspiel, Lied und Tanz mehrmals hintereinander durchführen. Als Nachspiel die Bausteine A bis D in umgekehrter Reihenfolge ausklingen lassen.

Jetzt kommt der Sandmann

RAP

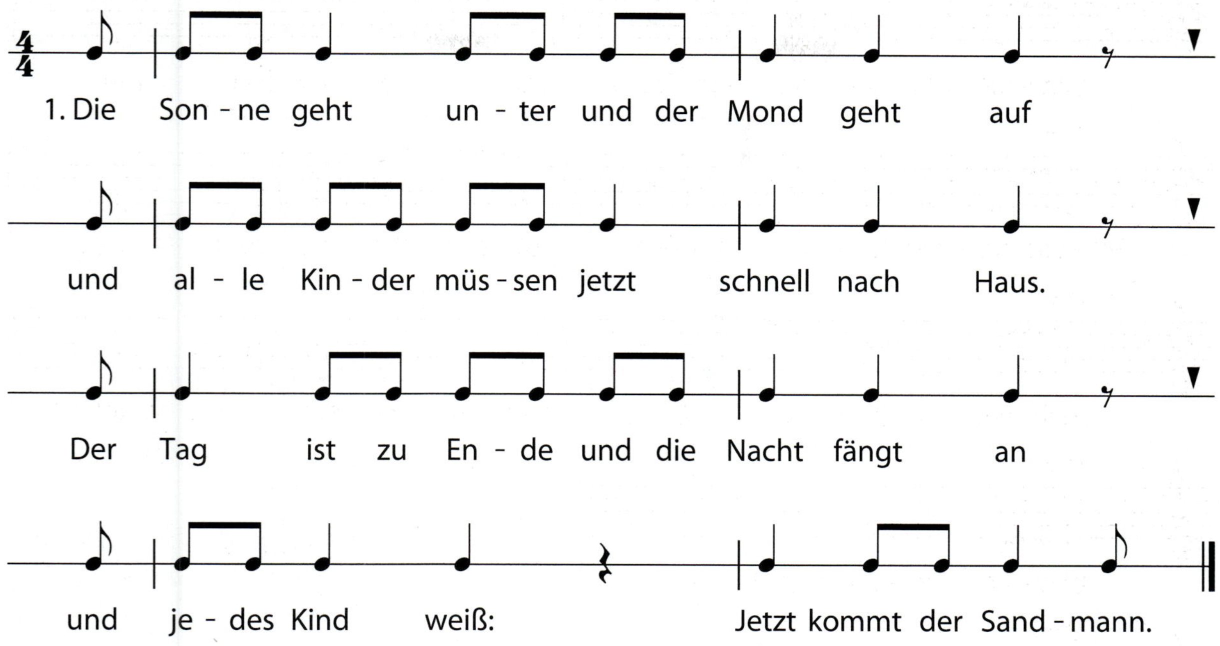

RAP

2. Der Sandmann ist ein Zwerg mit 'nem Sack voller Sand.
   Es steht so im Märchen, Autor unbekannt.
   Er geht durch die Häuser und klopft nicht mal an.
   Und jedes Kind weiß: Jetzt kommt der Sandmann.

RAP

3. Und wenn du noch nicht schläfst, kommt er ganz schnell her,
   streut dir Sand in die Augen und die werden ganz schwer.
   Es juckt und krabbelt, dass man nicht mehr sehen kann.
   Und jedes Kind weiß: Jetzt kommt der Sandmann.

Text: Ruthild Wilson
Rhythmus: Helmut Jost/Ruthild Wilson

1 Die erste Strophe des Rap bewusst rhythmisch sprechen und mit Körperinstrumenten begleiten. Die zweite und dritte Strophe des Rap rhythmisch frei sprechen.

2 „Jetzt kommt der Sandmann" (A 61) von Heinz-Helmut Jost-Naujoks und Ruthild Wilson hören.

3 Zur Musik (A 62) den Rap auf verschiedene Gruppen verteilt ausführen. Zum Refrain „Hey, hey Sandmann" mitsingen.

Der Herbst ist da

A 63

2. Der Herbst, der Herbst, der Herbst ist da!
Er bringt uns Obst, hei hussassa!
Macht die Blätter bunter,
wirft die Äpfel runter.
Heia hussassa, der Herbst ist da!

3. Der Herbst, der Herbst, der Herbst ist da!
Er bringt uns Spaß, hei hussassa!
Rüttelt an den Zweigen,
lässt die Drachen steigen.
Heia hussassa, der Herbst ist da!

Text und Melodie: Hans R. Franzke

BEGLEITUNG

TANZ

Im Kreis an den Händen gefasst rechtsherum gehen.

Auf der Stelle hüpfen und sich dabei linksherum drehen.

Stehen bleiben und in die Hände klatschen.

1 Den Liedtext betont im Melodierhythmus sprechen.

2 Das Lied auswendig vortragen. Dazu tanzen und mit Instrumenten begleiten.

Erntedank

A 64

Text: mündlich überliefert
Melodie: Manfred Bauer

BEGLEITUNG

1. Über den Text sprechen und sich erkundigen, wie Erntedank im eigenen Umfeld gefeiert wird.
2. Das Lied singen und mit Instrumenten begleiten.
3. Brot backen oder einen Erntedankkorb basteln.
4. Ein Portfolie zum Thema „Erntedank“ anfertigen.

Ihr Blätter, wollt ihr tanzen

A 65

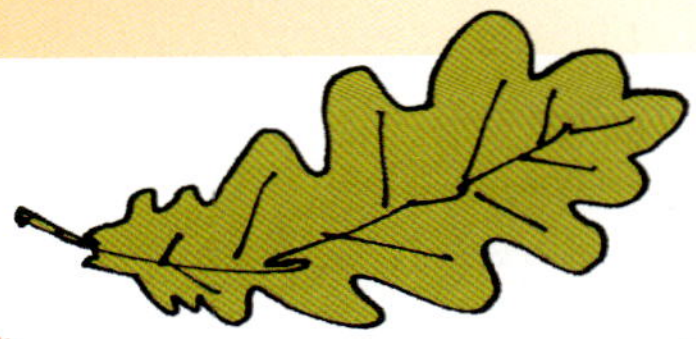

KLANGGESTALTUNG

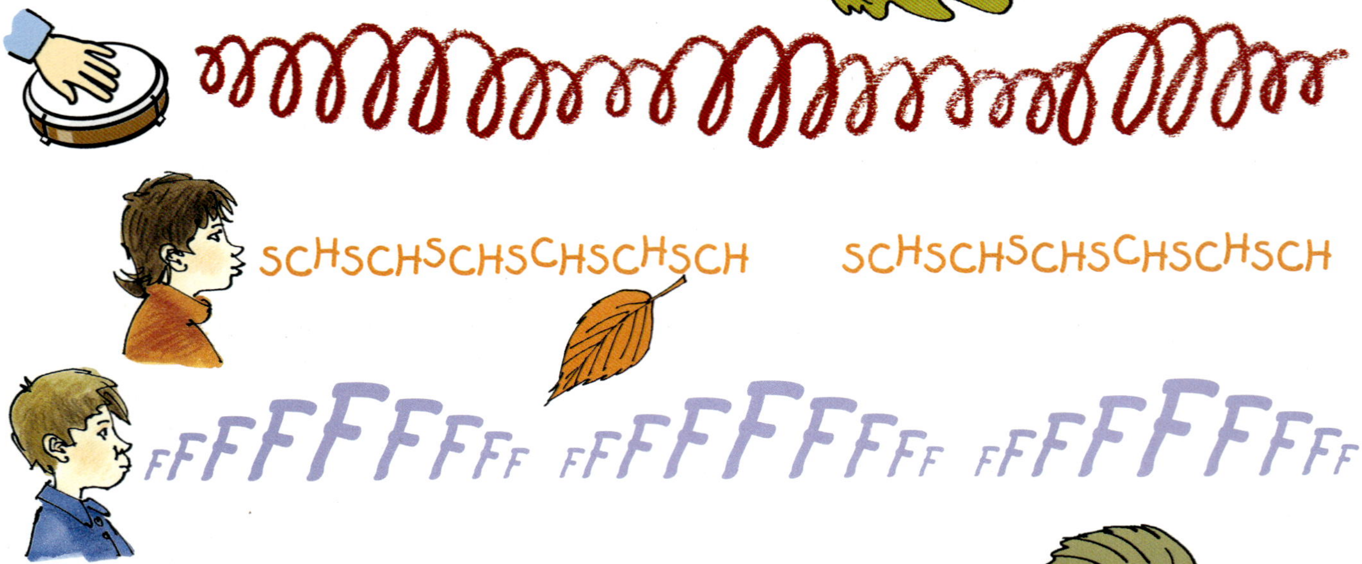

VOR-, ZWISCHEN- UND NACHSPIEL

LIED

2. Da fuhr er durch die Äste und pflückte Blatt um Blatt.
Nun ziehen wir zum Feste. Nun ziehen wir zum Feste.
Nun tanzen wir uns satt.

Text und Melodie: volkstümlich

1 Ein szenisches Spiel zum Thema „Herbst“ gestalten und aufführen.
2 Das Vor-, Zwischen- und Nachspiel frei erweitern.
3 Einzelne Szenen aufnehmen und besprechen.

A

„Windkinder“ gehen zwischen „Baumkindern“ umher und ahmen Windgeräusche nach.
„Baumkinder“ schwenken farbige Tücher.

B

„Windkinder“ nehmen „Baumkindern“ die Tücher ab und beginnen zu tanzen.
„Baumkinder“ wiegen sich auf der Stelle hin und her.

C

„Windkinder“ lassen die Tücher fallen und legen sich auf den Boden.
„Baumkinder“ senken langsam die Arme.

A			B			C		
1	2	3	4	5	6	7	8	9
Klang-gestaltung	**Vorspiel**	**1. Strophe**	**Klang-gestaltung**	**Zwischen-spiel**	**2. Strophe**	**Klang-gestaltung**	**Nachspiel**	**Klang-gestaltung** (leiser werdend)
SCHSCH FFFFF		Ihr Blätter …	SCHSCH FFFFF		Da fuhr …	SCHSCH FFFFF		SCHSCH FFFFF

Nebel, Nebel, weißer Hauch

A 66

NEBELMUSIK

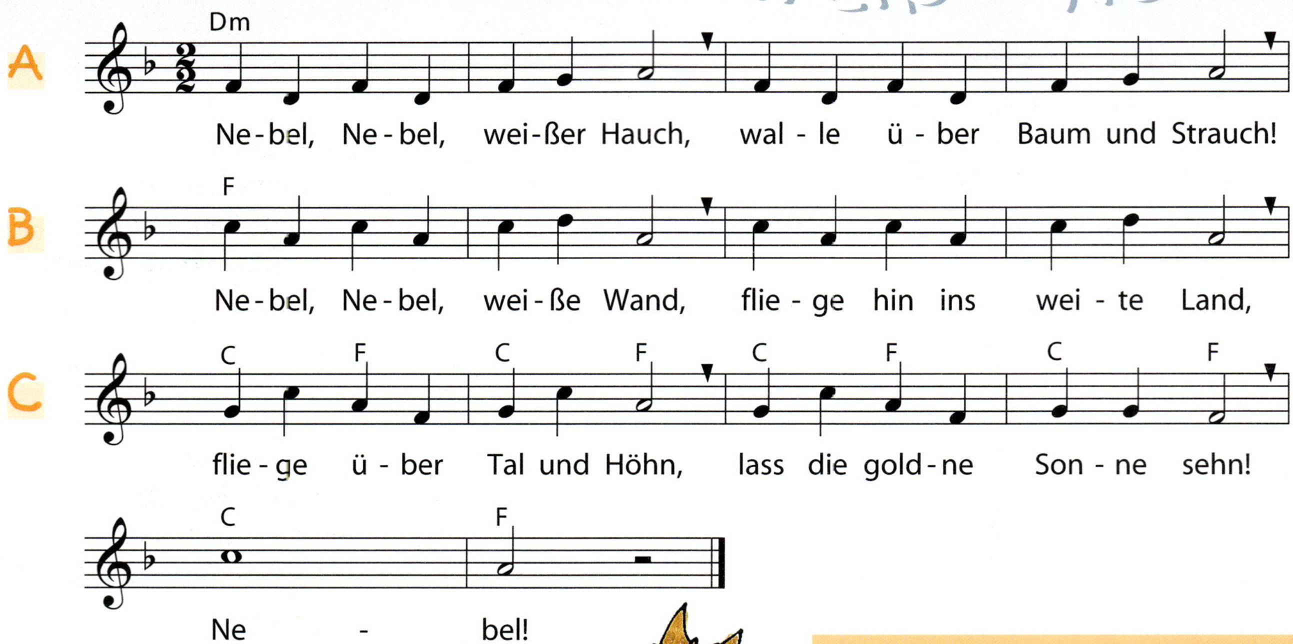

Text: A. Blume Melodie: Walther Pudelko

BEGLEITUNG

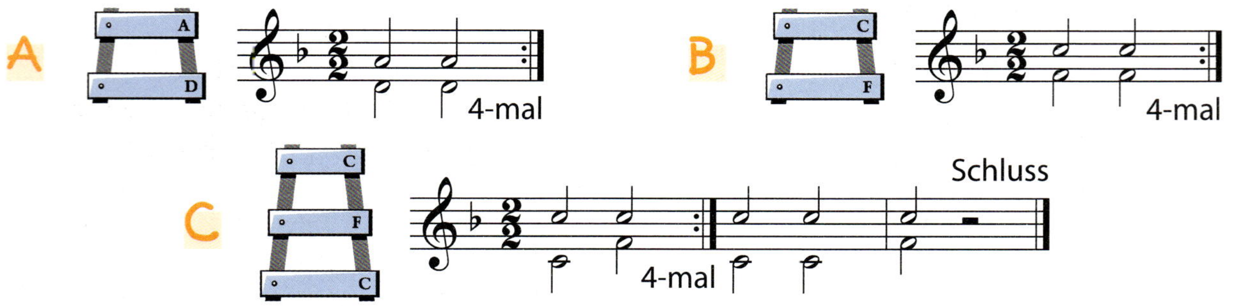

1 Mit Instrumenten und Stimme eine Nebelmusik erfinden. Die Musik aufnehmen und die Ergebnisse besprechen.

2 Die Nebelmusik auch als Vor- und Nachspiel zum Lied einsetzen.

3 Zu Nebelmusik und Lied ein Bewegungsspiel mit Chiffontüchern gestalten.

Gespensterlied

A 67

Zwei Gespenster
flogen vor mein Fenster,
haben mitten in der Nacht
gräßlich gruselig gelacht.

uuhhh uaahh
wuaahh

Drei Gespenster
flogen vor mein Fenster,
stöhnten fürchterlich, oh Graus,
in die Mitternacht hinaus.

stööööhn mmmm
ächz ächz ooooh

Vier Gespenster
flogen vor mein Fenster,
machten einen Mordsradau,
quiekten schrill miho mihau.

quiek quiek miho
mihau wumm

Fünf Gespenster
flogen vor mein Fenster,
heulten mir ein Ständchen vor
wie der Wind im Ofenrohr.

schschschsch
ph ffffffff

Sechs Gespenster
flogen vor mein Fenster,
tanzten den Gespenstertanz
mit dem Wibbelwabbelschwanz.

wibbele wabbele wibbele
schwabbele schwibbele

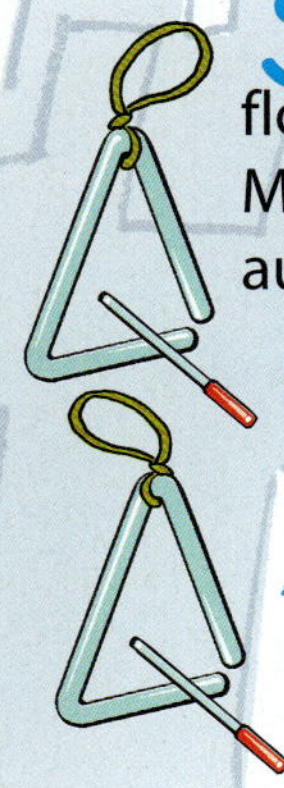

Sieben Gespenster
flogen vor mein Fenster.
Mit den Schlüsseln klirrten sie,
auf und nieder schwirrten sie.

Acht Gespenster
flogen vor mein Fenster,
zogen Fratzen allerhand,
kratzten draußen an der Wand.

Neun Gespenster
flogen vor mein Fenster,
kicherten die ganze Zeit,
kieksten rum vor Albernheit.

hi hi hi kix kix hi hi

Zehn Gespenster
flogen vor mein Fenster.
Schlug die Kirchturmuhr, o Schreck:
Bomm! Da warn sie alle weg.

Christa Zeuch

1 Das Gedicht langsam und geheimnisvoll sprechen.

2 Zu den Strophen mit Stimme und Instrumenten Gespenstergeräusche nachahmen.

3 Das Gedicht szenisch gestalten (Gespensterpuppen, sich verkleiden …) und in verteilten Rollen auswendig vortragen.

Durch die Straßen auf und nieder

A 68

2. Wie die Blumen in dem Garten blühn Laternen aller Arten:
   rote, gelbe ...

3. Und wir gehen lange Strecken mit Laternen an den Stecken:
   rote, gelbe ...

Text: Liselotte Holzmeister *Melodie: Richard Rudolf Klein*

BEGLEITUNG

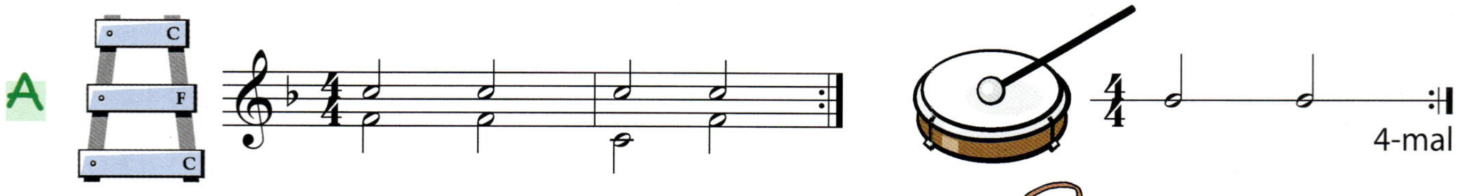

1 Den Melodieverlauf mit der Hand anzeigen.

2 Zum Lied einen Tanz mit Laternen erfinden. Dabei die Teile A und B unterschiedlich gestalten.

Leuchte, leuchte, kleine Laterne

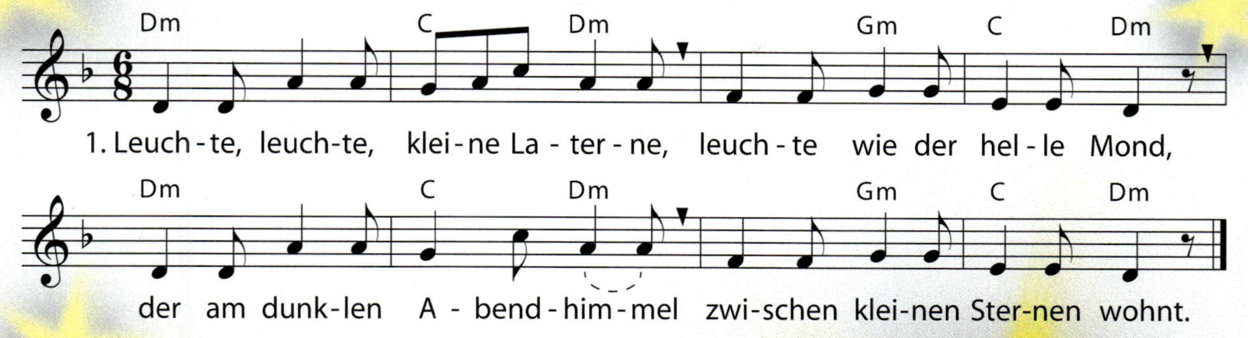

2. Blinke, blinke, kleine Laterne, blinke wie ein heller Stern.
Leute schauen aus dem Fenster. Sterne haben alle gern.

3. Glänze, glänze, kleine Laterne, glänze hell in dieser Nacht.
Zwischen großen grauen Häusern strahlt heut eine Lichterpracht.

4. Wiege, wiege, kleine Laterne, wieg dich sanft in dunkler Nacht.
Kleines Schiff aus Lichterschein sollst mein Weggefährte sein.

Text und Melodie: Rudolf Nykrin

1 Den Text im Melodierhythmus sprechen.

2 Eine Musik mit hell und dunkel klingenden Instrumenten erfinden, mit unterschiedlichen Farben notieren und zum Lied mitspielen.

Wir haben einen Stern

A 70

VOR-, ZWISCHEN- UND NACHSPIEL

LIED

2. Der Stern in unsrer Hand zieht mit von Tür zu Tür;
der Stern in unsrer Hand, er leuchtet dir und mir.

3. Wir warten auf das Heil, es ist Herr Jesus Christ;
wir warten auf das Heil, das unsre Rettung ist.

Text und Melodie: Helmut Maschke

BEGLEITUNG

A

Aufstellung im Kreis
mit einem Stern.

B

Zum Vor- und Zwischenspiel
sich am Platz drehen.

C

Zur ersten Strophe Stern
in die Höhe halten.

D

Zur zweiten Strophe
im Kreis gehen.

E

Zur dritten Strophe in die Mitte
gehen und sich verbeugen.

1 Zum Lied einen Tanz gestalten.

2 Eine Aufführung planen und durchführen.

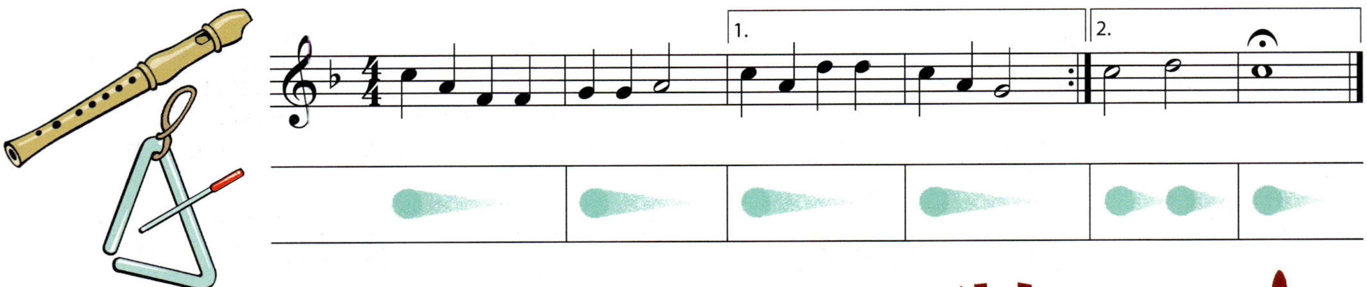

1, 2, 3 mit schwerem Schritt aus dem Wald der Niklaus tritt

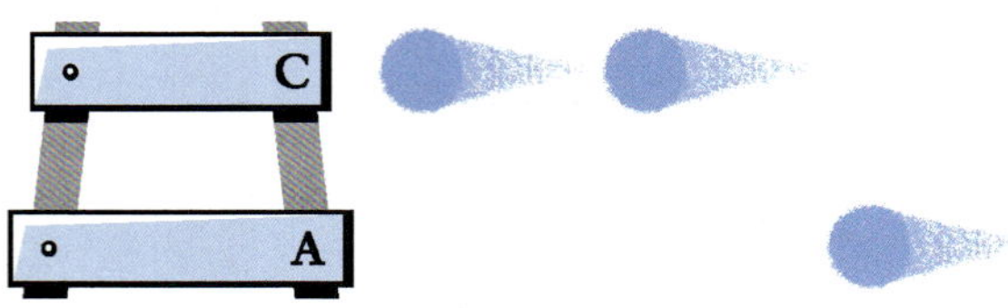

Nikolaus
kommt ins Haus,
Nikolaus, der Gute.
Äpfel, Nüsse teilt er aus,
keine, keine Rute!

1. Mit Stimme und Instrumenten ein Klangspiel gestalten.
2. Das Klangspiel aufnehmen, anhören und besprechen.

Bimmelt was die Straß entlang

A 71, 72

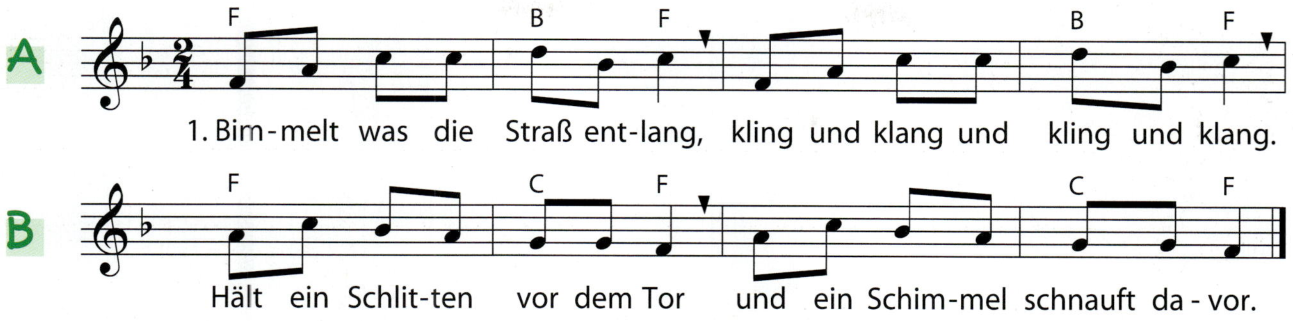

2. Aus dem Schlitten vor dem Haus
steigt der Nikolaus heraus.
Durch den Schnee stapft er daher
und trägt einen Sack gar schwer.

3. Allen Kindern in dem Haus
leert er seinen Sack wohl aus.
Kling und klang und kling und klang,
weiter geht's die Straß entlang.

Text: volkstümlich
Melodie: Richard Rudolf Klein

BEGLEITUNG

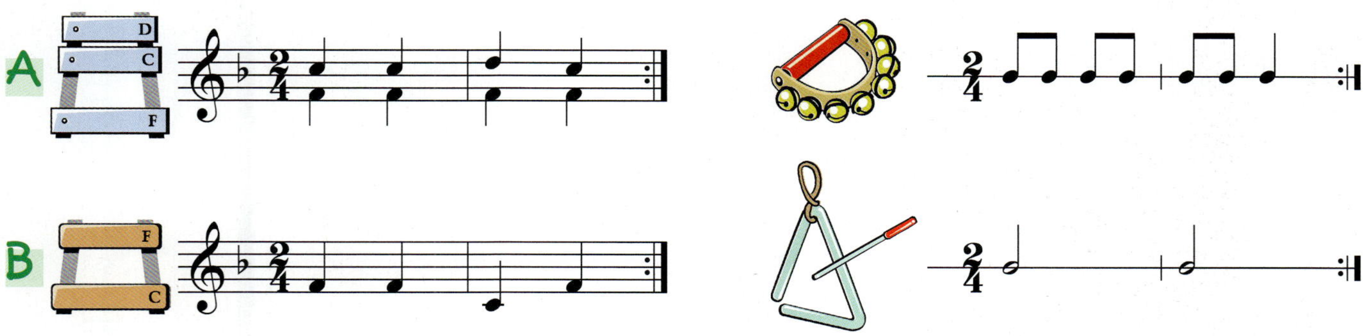

1 „Knecht Ruprecht" (A 72) von Robert Schumann hören. Mithilfe der Bilder herausfinden, was die Musik darstellen könnte.

2 Entdecken, an welchen Stellen der Musik das Klopfen und Stampfen des Knecht Ruprecht zu hören ist. Dazu jeweils auf den Tisch klopfen, mit den Füßen stampfen, auf einer Holzblocktrommel oder Pauke mitspielen …

B
C
A
D
E

1. Die Szenen A bis F beschreiben.
2. 6 Ausschnitte (B 1 bis 6) aus der „Weihnachtsgeschichte“ von Carl Orff und Gunild Keetman hören.
3. Die Weihnachtsgeschichte nach dem Lukas-Evangelium erzählen.
4. Beim Hören der Musik besonders auf die Instrumente und Stimmen achten. Die Instrumente zeigen und benennen.
5. Hört zwei unterschiedliche Fassungen (A xy und yz) des Lieds und vergleicht sie miteinander.

Marsch der Hirten

B 7

A

B

A

B

1 „Marsch der Hirten“ (B 7) aus der „Weihnachtsgeschichte“ von Carl Orff und Gunild Keetman hören. Auffallende Hörmerkmale erkennen (Instrumente, Geräusche, Lautstärke …).

2 Den Verlauf der Musik anhand der Bilder mitzeigen.

3 Teil A der Musik jeweils mithören. Teil B mit Instrumenten frei begleiten.

Gatatumba

B 8

2. Gatatumba, tumba, tumba, spielt Gitarren, spielt die Flöten.
Gatatumba, tumba, tumba, spielt die Trommeln und Trompeten.
Gatatumba, tumba, tumba, alles feiert, trinkt und lacht.
Gatatumba, tumba, tumba, denn heut Nacht ist Weihnachtsnacht.

3. Gatatumba, tumba, tumba, spielt die Pauken und die Geigen.
Gatatumba, tumba, tumba, unsre Freude woll'n wir zeigen.
Gatatumba, tumba, tumba, alles feiert, trinkt und lacht.
Gatatumba, tumba, tumba, denn heut Nacht ist Weihnachtsnacht.

FELIZ NAVIDAD!

Text: Klaus W. Hoffmann
Melodie: aus Spanien

BEGLEITUNG

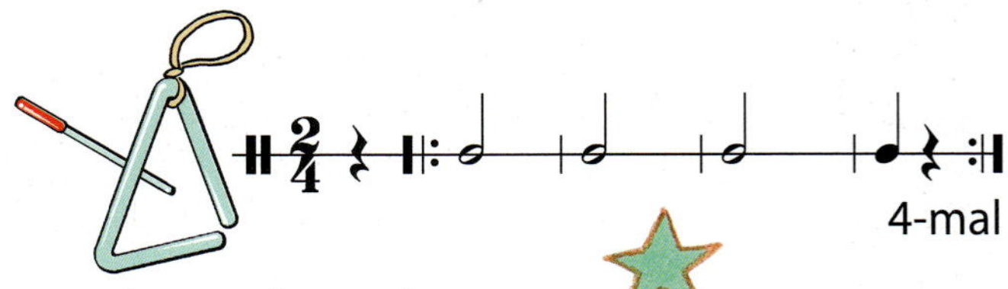

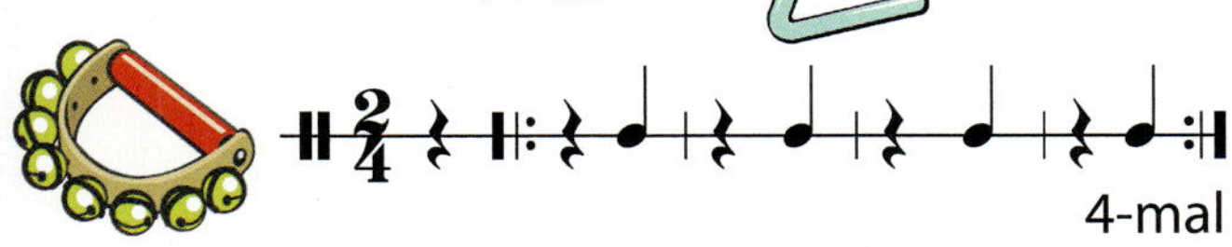

1. Den Text im Melodierhythmus sprechen und mit Körperinstrumenten begleiten.
2. Die Liedbegleitung durch zusätzliche Rhythmusinstrumente ergänzen.
3. Ein Portfolio zum Thema „Weihnchten hier und anderswo" anfertigen.

Vom Christkind wollen wir singen

VOR-, ZWISCHEN- UND NACHSPIEL

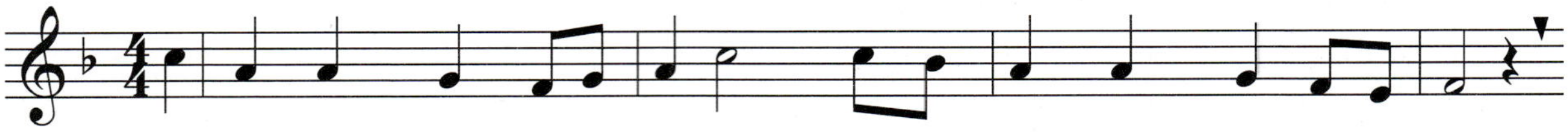

LIED

2. Es wird am Heiligen Abend
von Maria zur Welt gebracht.
So ist hier das Christkind geboren
in dem Stall in der Heiligen Nacht.
So ist …

3. Als einst das Kind hier geboren,
haben Hirten Engel gesehn.
Und Engel, sie haben verkündet,
was im Stall in der Nacht ist geschehn.
Und Engel …

4. So sind die Hirten gekommen,
um im Stall das Wunder zu sehn.
Als sie dann das Christkind begrüßten,
durften sie auch das Wunder verstehn.
Als sie …

5. Der Weihnachtsstern hoch am Himmel
leuchtet hell und weit durch die Nacht.
Und Könige haben sich eilends
auf den Weg zu dem Christkind gemacht.
Und Könige …

6. Vom Christkind wollen wir singen.
Gottes Sohn macht uns alle froh.
Darum ist er zu uns gekommen
in dem Stall in der Krippe im Stroh.
Darum ist …

Text: Rolf Krenzer   Melodie: Detlev Jöcker

BEGLEITUNG

1 Ein Krippenspiel zum Lied planen. Musikanten, Sänger, Spieler, Ansager … in Gruppen aufteilen. Passende Kleidung und Materialien besorgen.

2 Das Krippenspiel in der Schule, Kirche … aufführen.

A, a, a, der Winter, der ist da

B 10

2. E, e, e, er bringt uns Eis und Schnee!
Malt uns gar zum Zeitvertreiben
Blumen an die Fensterscheiben.
E, e, e, er bringt uns Eis und Schnee!

3. I, i, i, vergiss die Armen nie!
Wenn du liegst in warmen Kissen,
denk an die, die frieren müssen!
I, i, i, vergiss die Armen nie!

4. O, o, o, wie sind die Kinder froh!
Sehen jede Nacht im Traume
sich schon unterm Weihnachtsbaume.
O, o, o, wie sind die Kinder froh!

5. U, u, u, jetzt weiß ich, was ich tu!
Hol den Schlitten aus dem Keller
und dann geht es schnell und schneller!
U, u, u, jetzt weiß ich, was ich tu!

Text und Melodie: volkstümlich

BEGLEITUNG

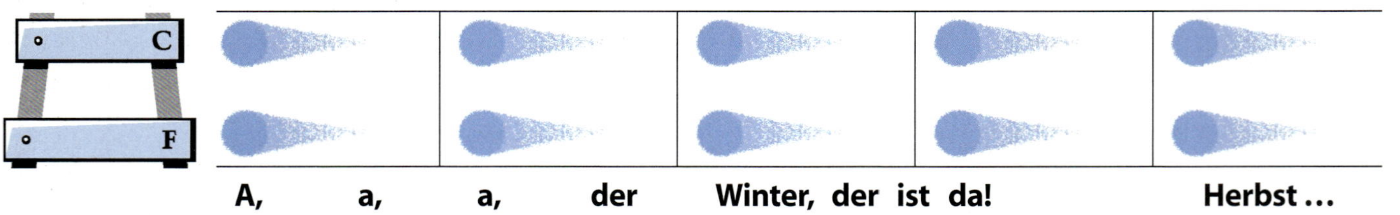

A 

B 

1 Bewusstes Üben der Vokale a, e, i, o, u (→ S. 28).

2 Andere Strophen zu den Vokalen ausdenken.

3 Den Melodieverlauf mit der Hand anzeigen, dabei den Aufbau der Melodie und die Liedform A, B, A erkennen.

4 Die Melodiebausteine (siehe Fenster) auf Silben singen und im Lied wiederfinden.

Im Winter, wenn es schneit

B 11,12

2. Im Winter, im Winter,
im Winter, wenn es schneit,
dann halten die Kinder
die Schlittschuh bereit:
zum Kreisen, zum Gleiten
durch schneeweiße Weiten,
zum Kreisen, zum Gleiten,
zum Flussrunterfahrn.

3. Im Winter, im Winter,
im Winter, wenn es schneit,
dann halten die Kinder
ein Plätzchen bereit:
zum Spielen, zum Bauen,
zum Nasenauftauen,
zum Spielen, zum Bauen,
zum Nasenauftaun.

Text und Melodie: Margarete Jehn

Pieter Brueghel d. J.: Winterlandschaft

1 Zum Lied passende Gesten und Bewegungen ausführen.

2 Inhalt und Stimmung des Bildes „Winterlandschaft" von Pieter Brueghel d. J. mit Instrumenten zum Ausdruck bringen (leise, ruhig – hart, klirrend – laut, fröhlich ...).

3 Den 2. Satz aus dem „Winter" (B 12) der „Vier Jahreszeiten" von Antonio Vivaldi hören und Auffälliges besprechen (instrumentale Besetzung, Spielweise, Wirkung der Musik ...).

4 Bild, Musik und Klanggestaltungen zueinander in Beziehung setzen.

Es war eine Mutter

2. Der Frühling bringt Blumen,
der Sommer den Klee,
der Herbst, der bringt Trauben,
der Winter den Schnee.

3. Und wie sie sich schwingen
in lustigen Reihn,
so tanzen und singen
wir fröhlich darein.

BEGLEITUNG

Text und Melodie: aus der Pfalz

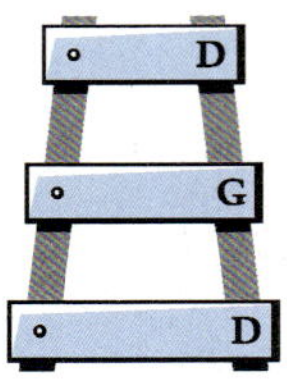

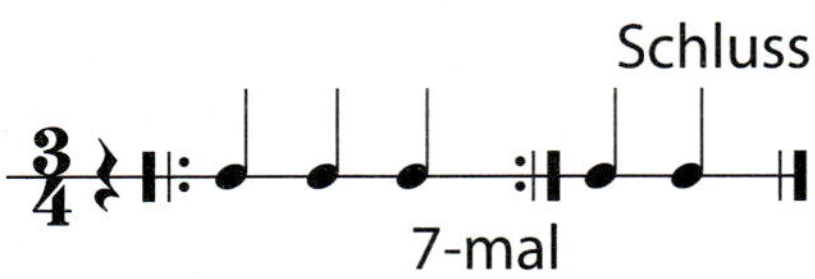

TANZ

Aufstellung

Strophe 1

Strophe 2

Strophe 3

1 Den Text bewusst im Melodierhythmus sprechen. Dabei die Zählzeit eins leicht betonen (mit zwei Fingern einer Hand auf zwei Finger der anderen Hand klatschen, schnipsen …).

2 Ein Vor- und Zwischenspiel zum Lied erfinden.

3 Zum Lied einen Tanz gestalten.

Zwölf lustige Gesellen

B 14

2. Dann kommt auch schon der zweite,
der Februar, mit Schnee.
Er pudert jedes Zweiglein
zu einer kleinen Fee.

3. Der März kommt als der dritte,
er wirft den Winter raus
und zwitschert wie ein Vogel:
„Ihr Blumen, kommt heraus!"

4. Mit Sonne und mit Regen
spielt fröhlich der April.
Der vierte Jahrgeselle
weiß oft nicht, was er will.

5. Der Mai zieht als der fünfte
schön wie ein König ein.
Die Welt schmückt er mit Blüten,
es kann nichts schöner sein.

6. Der sechste ist der Juni.
Er guckt ins Vogelnest,
ob sich ein faules Vöglein
noch immer füttern lässt.

7. Der siebente, der Juli,
hört gern der Grille zu,
dem Quak der glatten Frösche,
er läuft vorbei im Nu.

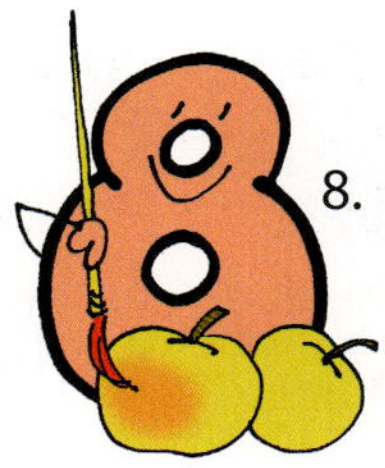

8. Und der August, der achte,
malt dicke Äpfel an
mit schönen, roten Backen,
dass man nur staunen kann.

9. Der neunte, der September,
kommt mit dem Farbentopf.
Da kriegt manch kleines Bäumchen
schon einen bunten Schopf.

10. Der zehnte, der Oktober,
mahnt fröhlich: „Denkt daran,
ich bringe Wind und Wolken,
zieht warme Strümpfe an!"

11. Der elfte der Gesellen,
November nennt man ihn,
lässt an dem weiten Himmel
schon wilde Nebel ziehn.

12. Der zwölfte, der Dezember,
hängt an den kahlen Baum
statt Blüten und statt Blätter
den allerschönsten Traum.

Text: Christa Kuhn   Melodie: Othmar Kist

VOR- UND ZWISCHENSPIEL

1 Die Liedstrophen sprechen, dabei die Monatsnamen mit Instrumenten hervorheben.

2 Das Lied durch entsprechende Requisiten, Bilder, Bewegungen … ausgestalten.

Musikalische Schlittenfahrt

B 15 bis 19

Ein junges Mädchen zittert und schnattert vor Kälte.

Zum Schluss tanzen alle einen fröhlichen Kehraus.

Schlittenfahrt

Mit einem Aufzug der Trompeten und Pauken beginnt der Ball.

Nach der Schlittenfahrt schütteln sich die Pferde.

1. 5 Ausschnitte (B 15 bis 19) aus „Musikalische Schlittenfahrt“ von Leopold Mozart hören.
2. Die Hörausschnitte besprechen und den Bildern 1 bis 5 zuordnen.
3. ☆ Die Musik durch Bewegung und Tanz darstellen.

4 Instrumente, die beim Hören der Musik erkannt werden, zeigen und benennen.

5 Zur Musik mit Schellenkranz, Schellentrommel, Holzblocktrommel, Peitsche (zwei Tafellineale …) an geeigneten Stellen mitspielen.

Das Seifenblasenkonzert

1 Die Bewegung der Seifenblasen mit Glockenspiel, Metallofon, Xylofon und anderen Instrumenten darstellen.

2 Über die Ergebnisse der Klangspiele sprechen: Veränderung der Tonhöhe (hoch, tief), Spielweise (glissando, einzelne Töne ...), Tempo (schnell, langsam), Klangeigenschaften (weich, dumpf ...), Klangdauer (lang, kurz), Schluss ...

☆ **3** Ein Seifenblasenkonzert planen und aufführen.

Gewitter – eine Klanggestaltung

Der Himmel ist blau
Der Himmel wird grau

WIND fegt herbei
Vogelgeschrei

Wolken fast schwarz
Lauf, weiße Katz!

BLITZ durch die Stille
Donnergebrülle

Zwei Tropfen im Staub
Dann Prasseln auf Laub

Regenwand
Verschwommenes Land

BLITZE tollen
Donner rollen

Es plitschert und platscht
Es trommelt und klatscht

Es rauscht und klopft
Es braust und tropft

Eine Stunde lang
Herrlich bang

Dann Donner schon fern
Kaum noch zu hör'n

Regen ganz fein
Luft frisch und rein

Himmel noch grau
Himmel bald blau!

Erwin Moser

1. Das Gedicht ausdrucksvoll vortragen und mit Instrumenten gestalten. Dabei auf die Auswahl der Instrumente, die Lautstärke, das Tempo und die Klangfarbe achten.
2. Ergebnisse der Klanggestaltung grafisch notieren.
3. Klanggestaltungen mit und ohne Gedicht aufnehmen, anhören, vergleichen und besprechen.

Maschinenmusik

B 20

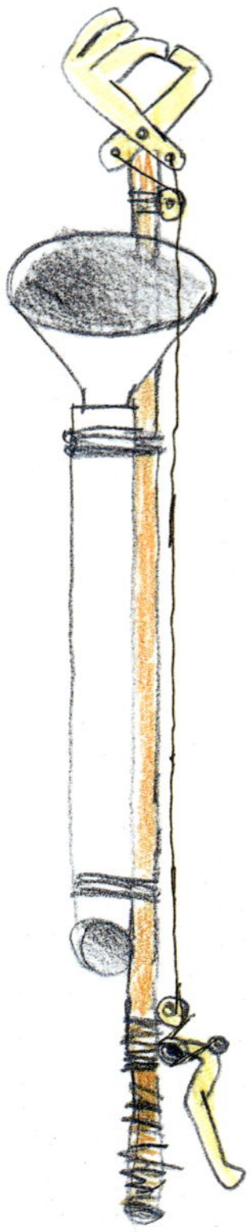

Text und Melodie: Heinz Engl

BEGLEITUNG

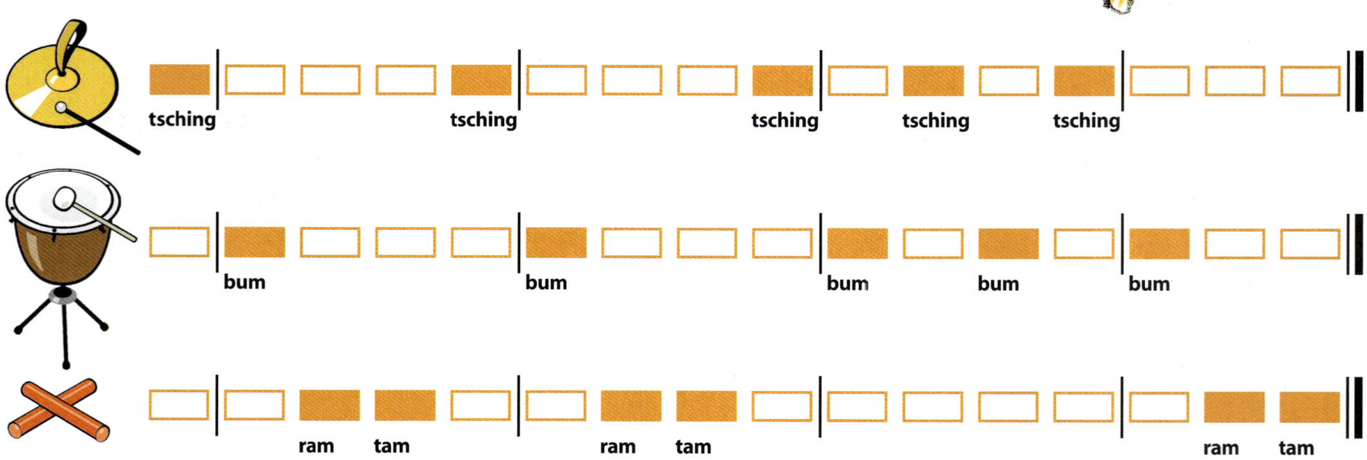

1. Das Lied singen und zu „tsching“ klatschen, zu „bum“ stampfen und zu „ram tam“ patschen.
2. Die beiden letzten Zeilen des Liedes beliebig oft wiederholen und mit Becken, Pauke und Klanghölzern begleiten.

MASCHINE 1

ra ta tu tu

MASCHINE 2

rom to to

MASCHINE 3

f te te f te te

MASCHINE 4

ta tu ra

MASCHINE 5

pf pf

3 Maschinengeräusche mit der Stimme und mit Instrumenten erzeugen und unterschiedlich gestalten (einzelne, mehrere, laute, leise, schnelle, langsame, schneller werdende, langsamer werdende … Maschinen).

4 Fantasiemaschinen malen und dazu eine Fabrikmusik mit Stimme und Instrumenten ausdenken. Die Rhythmusbausteine in die Gestaltung mit einbeziehen.

Experimentieren mit Klangobjekten

1 Mit unterschiedlichen Klangobjekten experimentieren (Material, Anschlagmittel, Spielweise, Klangeigenschaften, Lautstärke, Tonhöhe …).

2 Aus Gegenständen und Materialien des näheren Umfeldes verschiedene Klangobjekte herstellen (→ Seite 72/73).

- **3** Flaschen unterschiedlich hoch mit Wasser füllen und nach der Tonhöhe ordnen.
- **4** Mit den Flaschen musizieren (hoch, tief, eigene Melodien, Liedanfänge bekannter Lieder …).
- **5** Mit verschiedenen Klangmaterialien eigene Musikstücke erfinden, aufnehmen und besprechen.

Ja, heute musizieren wir

2. Ja, heute musizieren wir, ja, heute singen wir Lieder!
Alle Kinder sind schon da: Petra, Hans und Frieder.
Jetzt spielen die Trompeten, so herrlich und so schön,
da freu'n sich alle Kinder, ein jeder kann es seh'n.

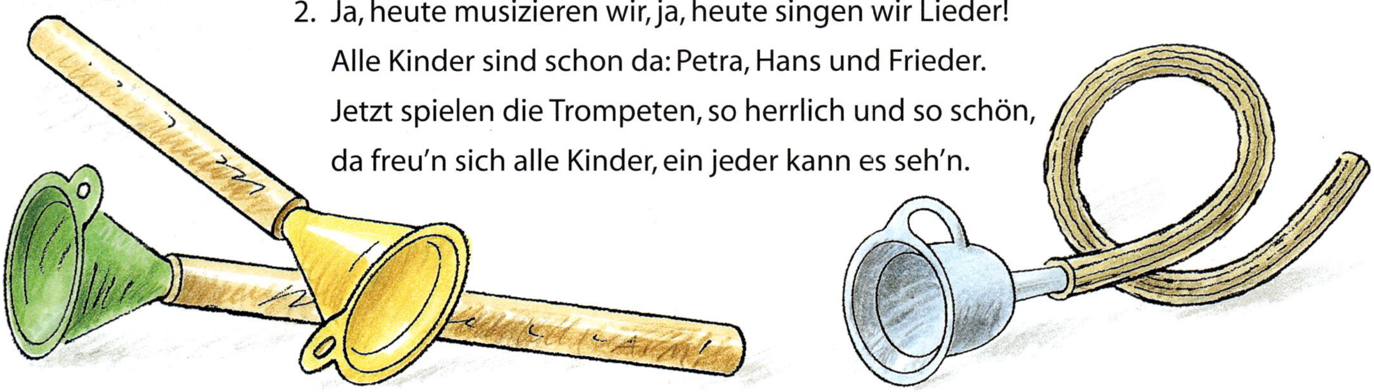

3. Ja, heute musizieren wir, ja, heute singen wir Lieder!
Alle Kinder sind schon da: Petra, Hans und Frieder.
Es spielen jetzt die Trommeln, so herrlich und so schön,
da freu'n sich alle Kinder, ein jeder kann es seh'n.

4. Ja, heute musizieren wir, ja, heute singen wir Lieder!
   Alle Kinder sind schon da: Petra, Hans und Frieder.
   Jetzt spielen die Gitarren, so herrlich und so schön,
   da freu'n sich alle Kinder, ein jeder kann es seh'n.

5. Ja, heute musizieren wir, ja, heute singen wir Lieder!
   Alle Kinder sind schon da: Petra, Hans und Frieder.
   Jetzt spielen Schellenstäbe, so herrlich und so schön,
   da freu'n sich alle Kinder, ein jeder kann es seh'n.

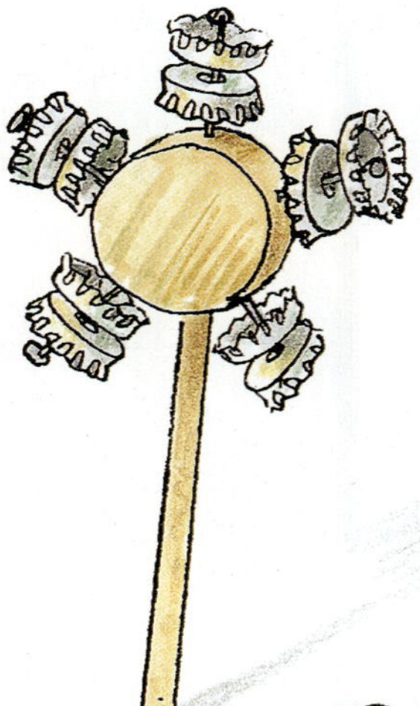

Text und Melodie:
Volker Rosin

1 Das Lied singen und mit den selbst gebauten Instrumenten begleiten.

2 Zum Lied unterschiedliche Spielweisen ausprobieren (zupfen, anschlagen, schütteln, reiben, blasen …).

3 Eine passende letzte Strophe ausdenken und diese mit allen Instrumenten begleiten.

Die Blockflöte

Ton **C**

Daumen und Mittelfinger decken die Grifflöcher ab.

Ton **A**

Daumen, Zeige- und Mittelfinger decken die Grifflöcher ab.

Ton **G**

Daumen, Zeige-, Mittel- und Ringfinger decken die Grifflöcher ab.

Ton **F**

Daumen, Zeige-, Mittel- und Ringfinger der linken Hand und der Zeigefinger der rechten Hand decken die Grifflöcher ab.

ZWISCHENSPIEL „GUTEN MORGEN, LIEBE SONNE"

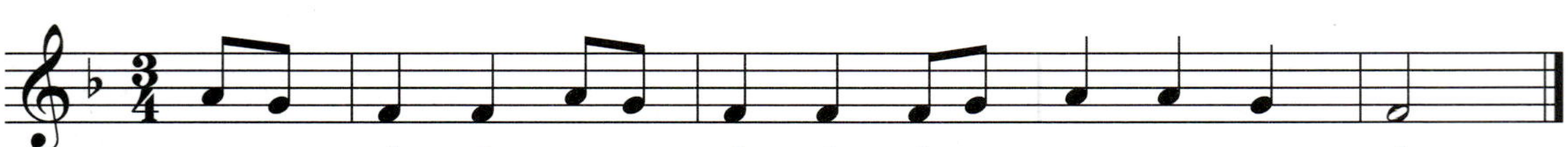

1. Material, Flötenkopf, Flötenkörper, Grifflöcher, Schnabel von Blockflöten untersuchen.
2. Tonerzeugung von Blockflöten erproben, Wind-, Wellen- und Tiergeräusche erzeugen, eigene kleine Melodien mit den Tönen c, a, g, f erfinden, Liedanfänge spielen …
3. Das Lied „Guten Morgen, liebe Sonne" (→ S. 38) singen und das Zwischenspiel einüben.

Instrumente kennenlernen

B 23 bis 30

1 Aussehen, Material und Spielweise von Querflöte, Klarinette, Trompete, Violine (Geige), Kontrabass und Pauke beschreiben.

2 Klangeigenschaften der einzelnen Instrumente (B 25 bis 30) kennenlernen.

3 „Capriccio a-Moll" (B 23) von Niccolò Paganini und „Flötenkonzert G-Dur" (B 24) von Wolfgang Amadeus Mozart hören. Über Musik und Instrumente sprechen.

Was macht meine kleine Geige

B 31

A

B

2. Was macht meine kleine Flöte? Dü-li dü-li dü …
3. Was macht meine Klarinette? Du-del du-del du …
4. Was macht meine kleine Trompete? Tä-tä-rä-tä-tä …
5. Was macht mein großer Brummbass? Schrumm-schrumm-schrumm …
6. Was macht meine große Pauke? Pum-pe-rum-pum-pum …

Text und Melodie: aus Mähren

BEGLEITUNG

A

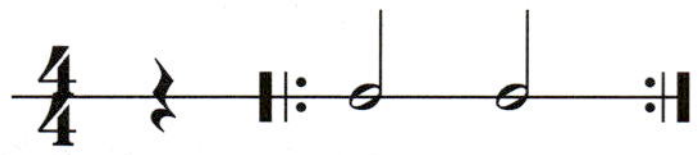

B

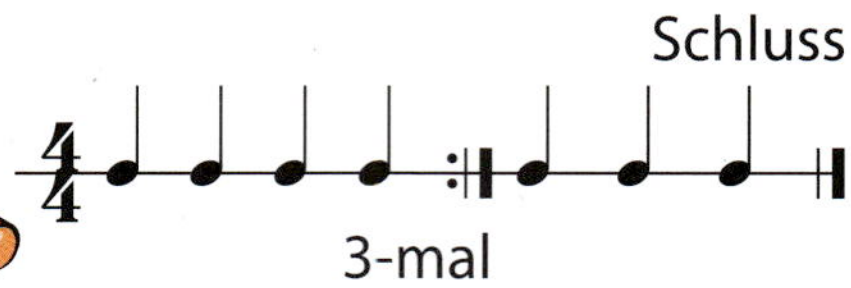

BEWEGUNGSSPIEL

A

B

1. Instrumentenlaute deutlich artikuliert sprechen und singen (laut und leise, unterschiedliche Tonhöhen …).
2. Für die Instrumente auch andere Laute verwenden (no, lo, mi …).
3. Beim Singen die Spielweise der Instrumente nachahmen (→ S. 75).

Das Bärenorchester

B 32 bis 39

2. Zwei kleine Bären, die nahmen einen mit.
   Der blies die Mundharmonika,
   da waren sie zu dritt.

3. Drei kleine Bären, die tranken Honigbier,
   kam einer mit 'nem Saxofon,
   da waren sie schon vier.

4. Vier kleine Bären, die hatten sehr viel Spaß.
   Als fünfter kam ein kleiner Bär
   mit einem Kontrabass.

5. Fünf kleine Bären, die trafen unterwegs
   'nen Bären, der die Flöte spielte,
   und schon war'n sie sechs.

6. Sechs kleine Bären sind sechse nicht geblieben,
   kam einer, der die Tuba blies,
   da waren sie schon sieben.

7. Sieben kleine Bären, die haben sich gedacht:
   noch einer fehlt und das bist du,
   dann sind wir nämlich acht.

Text und Melodie:
Klaus W. Hoffmann

1 Das Lied singen und dem Text entsprechend szenisch gestalten (durch den Raum gehen, Spielweise der Instrumente imitieren …).

2 Die Instrumente einzeln hören (B 33 bis 39) und den Bären zuordnen.

Trampelpolka

B 40

A

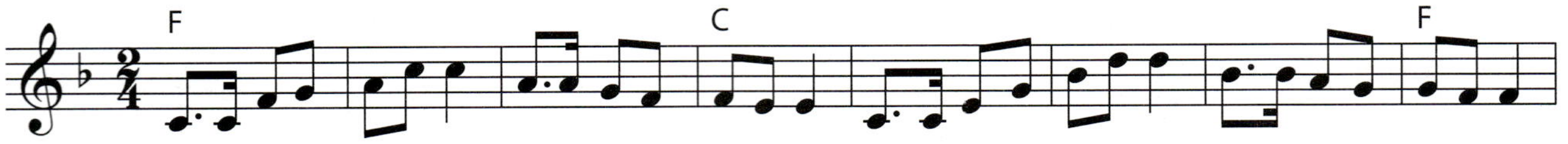

3-mal stampfen	**3-mal klatschen**	**4 Stampfschritte rechtsherum**	**3-mal stampfen**	**3-mal klatschen**	**4 Stampfschritte linksherum**
(♪ ♪ ♩)	(♪ ♪ ♩)	(♩ ♩ | ♩ ♩)	(♪ ♪ ♩)	(♪ ♪ ♩)	(♩ ♩ | ♩ ♩)

B

8 Seitgaloppschritte in Tanzrichtung

8 Seitgaloppschritte gegen Tanzrichtung

volkstümlich

1 Tanzaufstellung im Doppelkreis paarweise zugewandt.

2 Beim Tanzen der „Trampelpolka" (B 40) die 3 Stampfer (kurz – kurz – lang) links beginnend beachten.

3 Nach jedem Durchgang kann der Außenkreis einen Schritt nach rechts zum neuen Partner rücken.

La Raspa Mexicana

B 41

A

B

Rechts einhängen und rechtsherum hüpfen.

Links einhängen und linksherum hüpfen.

Text und Melodie: Hans-Günter Lenders

1 Aufstellung paarweise zugewandt (frei im Raum, Gasse, Kreis …).

2 Zur Musik „La Raspa Mexicana“ (B 41) von Hans-Günter Lenders tanzen.
Teil A: Spreizsprünge vorwärts mit jeweils kurzem Stopp nach dem dritten Sprung.
Teil B: Arme rechts einhaken und rechtsherum hüpfen, bei der Wiederholung Arme links einhaken und linksherum hüpfen.

3 Zum Refrain (Teil B) mitsingen.

Musik zum Tanzen

B 42

A

Auf der Stelle gehen und sich dabei drehen.

B

Hüpfen am Platz und sich dabei drehen.

C

Hampelmannsprünge

D

Tippschritte:
Rechts seit, links tipp,
links seit, rechts tipp.

E

4 Schritte vorwärts,
4 Schritte rückwärts.

F

4 Nachstellschritte nach links,
4 Nachstellschritte nach rechts.

1. Zu den beiden Teilen der „Tanzmusik“ (B 42) von Jürgen Kerger unterschiedliche Bewegungen ausdenken.
2. Musikinstrumente am Aussehen und Klang kennenlernen (Akkordeon, Klarinette, Kontrabass, Gitarre, Violine, Querflöte, Tamburin).
3. Zum Klang der verschiedenen Instrumente die entsprechenden Tanzbewegungen A bis F ausführen (→ S. 161).

A

1

4 Schritte vorwärts

2

4-mal klatschen

3

4 Schritte rückwärts

4

4-mal stampfen

B

Hintereinander hüpfen

Stehen und klatschen

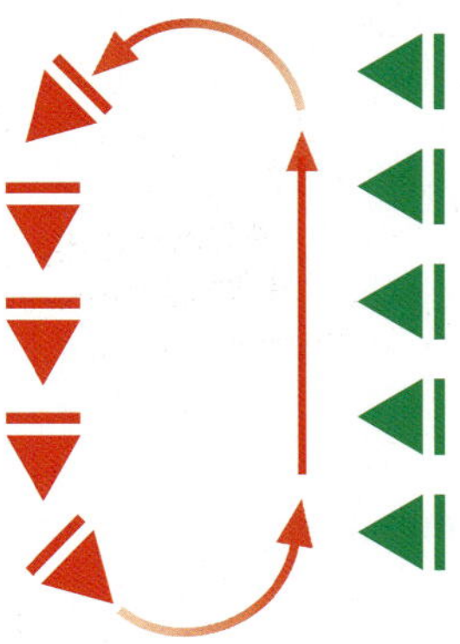

4 Anhand der Bilder und Tanznotation zur Musik (B 42) tanzen.

5 Einen eigenen Tanz mithilfe der Bilder ausdenken.

Popcorn

B 43

AUFSTELLUNG

Sich in Reihen hintereinander niederkauern.

EINLEITUNG

Sich langsam aus der Hocke erheben.

A

Frei im Raum umhergehen, die Tücher der Musik entsprechend zunehmend stärker schwingen.

B

Am Platz stehen und die Tücher wechselweise nach links und rechts schwingen.

C

Frei im Raum umhergehen, die Tücher der Musik entsprechend abnehmend leichter schwingen.

SCHLUSS

Langsam in die Hocke gehen.

1. „Popcorn" (B 43) von Gershon Kinsley hören. Über rhythmische und melodische Auffälligkeiten der Musik sprechen.
2. Zur Musik passende Bewegungen mit Chiffontüchern ausführen.
3. ☆ Eine eigene Tanzgestaltung zur Musik ausdenken.

Zu einem Rap tanzen

B 44

RAP

Text und Rhythmus: Christian Crämer

BEGLEITUNG

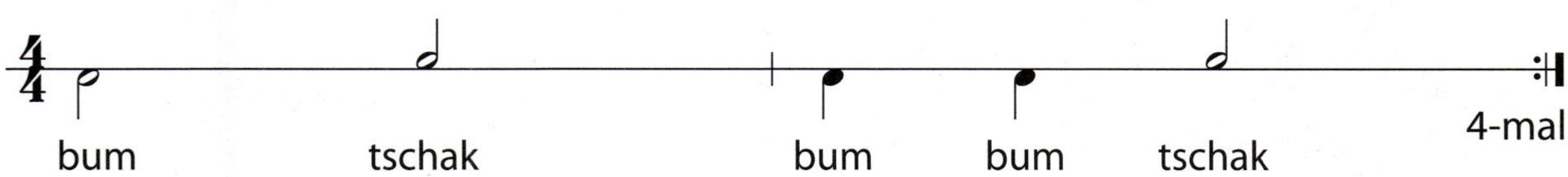

1. Den Rap „Im Straßenverkehr“ (B 44) von Christian Crämer hören.
2. Zur Musik den Text sprechen. Dabei zu „bum“ patschen und „tschak“ klatschen.
3. Sich Anregungen von Video-Clips bekannter Tanzgruppen holen und eigene Tanzfiguren zu „Im Straßenverkehr“ ausprobieren..
4. Eigene Texte zur Musik erfinden (Schule, Freundschaft, Streit …).
5. Den eigenen Rap aufzeichnen und Ergebnisse besprechen.

Maskenball

B 45

2. Der Thomas, ja, der ist
   für heut ein Polizist.

3. Ein Cowboy ist der Knut
   mit einem Cowboyhut.

4. Und Ingo, schaut ihn an,
   ist ein Chinesenmann.

5. Zur Kerstin alle schaun.
   Sie ist für heut ein Clown.

6. Und Micky lacht: „Oho,
   ich bin ein Eskimo!"

7. Ein Zauberer ist Klaus.
   Er sieht ganz seltsam aus.

Text: Rolf Krenzer Melodie: Kristofer Oranien

1 Den Text im Melodierhythmus sprechen und mit Körperinstrumenten begleiten.

2 Namen aus der Klasse einsetzen. Auch eigene Reime erfinden.

2 Sich verkleiden und das Lied singen, dazu passende Bewegungen ausführen (im Kreis gehen, sich zu den einzelnen Strophen in der Kreismitte darstellen …).

Fastnachtspolonaise

B 46

1 UMZUG

2 SCHLANGE

3 TEILUNG

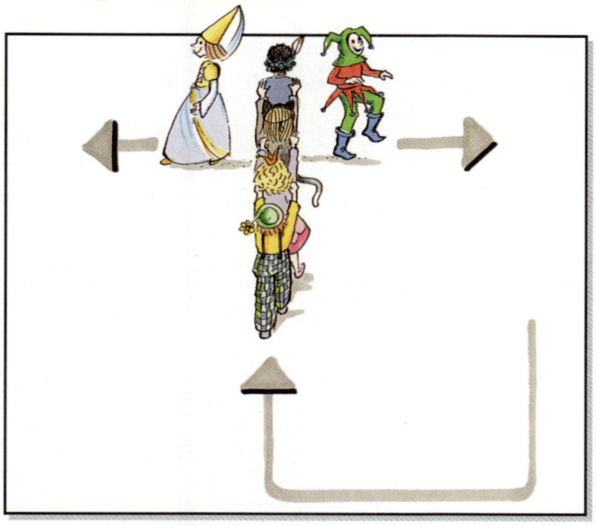

4 ZWEIERREIHE

5 GASSE

6 KREIS

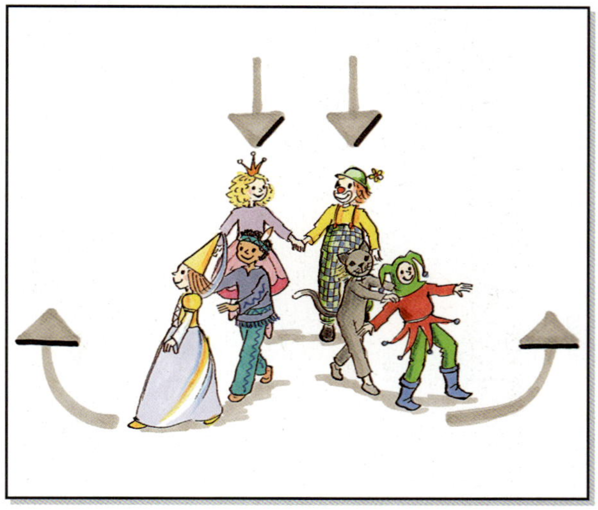

1 Die Figuren 1 bis 6 einüben und zur Musik „Fastnachtspolonaise“ (B 46) von Christian Crämer durchführen (Fastnacht, Schulfest, Geburtstag …). Auch eigene Figuren ausdenken.

2 Lieder und Musikstücke aussuchen, die sich für eine Polonaise eignen.

Ich bin ein kleiner Esel

B 47

Text und Melodie: volkstümlich

2. Ich bin ein kleines Schäfchen …
3. Ich bin ein kleiner Rabe …
4. Ich bin ein kleines Fröschlein …
5. Ich bin ein kleiner Kater …
6. Ich bin ein kleines Hündchen …
7. Ich bin …

Mäh, mäh
Krah, krah
Quak, quak
Miau, miau
Wau, wau

1 Das Lied auswendig singen und mit Instrumenten begleiten. Dabei die Tierstimmen nachahmen.

2 Mithilfe der Tierbilder weitere Strophen erfinden (Löwe, Kuckuck …).

Rummelbummel ging spaziern

B 48

2. Eine alte Hexe, die rührt im Topf herum.
Und die Trommel und die Trommel, die macht rum bum bum.
Und die Hexe und die Hexe, die geht mit, rum bum!
3. Eine fette Kröte, die dreht sich dreimal um.
Und die Trommel und die Trommel, die macht rum bum bum.
Und die Kröte und die Kröte, die geht mit, rum bum!
4. Eine dicke Hummel, die macht ein laut Gesumm.
Und die Trommel und die Trommel, die macht rum bum bum.
Und die Hummel und die Hummel, die geht mit, rum bum!
5. Eine gelbe Rübe, die fällt auf einmal um.
Und die Trommel und die Trommel, die macht rum bum bum.
Und die Trommel und die Trommel, die macht rum bum bum!

Text und Melodie: volkstümlich

Rummelbummel ging … | **klopft er …** | **Eine schwarze Katze …** | **Und die Trommel …**

1 Den Text im Melodierhythmus bewusst sprechen.

2 Den Melodieverlauf mit der Hand anzeigen.

3 Zum Lied entsprechende Bewegungen und Gesten ausführen.

Trat ich heute vor die Türe

B 49

2. Max, der Esel, und die Schweine tanzten sehr vergnügt zu dritt,
selbst die dicke Kuh Babette wiegte sich im Walzerschritt.
Mieze bellte, Karo schnurrte, und die Ziege auf dem Mist
krähte sich die Kehle heiser, weil doch heute Fastnacht ist.
Trat ich heute vor die Türe, sapperlott, was sah ich da?
Tanzte da die Gans Agathe mit dem Truthahn Cha-Cha-Cha!

Text: Christel Süßmann Melodie: Heinz Lemmermann

TANZ

A

6 Schritte vorwärts, 3-mal stampfen.

6 Schritte rückwärts, 3-mal stampfen.

B

6 Schritte am Platz linksherum, 3-mal stampfen.

6 Schritte am Platz rechtsherum, 3-mal stampfen.

1 Den Text im Melodierhythmus sprechen und mit Rhythmusinstrumenten begleiten.

2 Aufstellung im Kreis oder in der Gasse. Die Tanzbewegungen zum Lied ausführen und das Stampfen (kurz-kurz-lang) im letzten Takt jeder Zeile hervorheben.

3 Auch andere Bewegungsformen ausdenken.

Tanz der Marionetten

Sich in Kreisform aufstellen und klatschen.
Marionettenbewegungen innerhalb des Kreises ausführen.

An den Händen gefasst im Kreis gehen.
Innerhalb des Kreises stehen bleiben.

1. Frei durch den Raum gehen und Marionettenbewegungen erproben. Dazu den Grundschlag mit der Handtrommel spielen.
2. Zu „Puppet on a String" (B 50) von Phil Coulter und Bill Martin einen lustigen Marionettentanz gestalten.
3. Eine Veranstaltung besuchen, bei der auch getanzt wird.

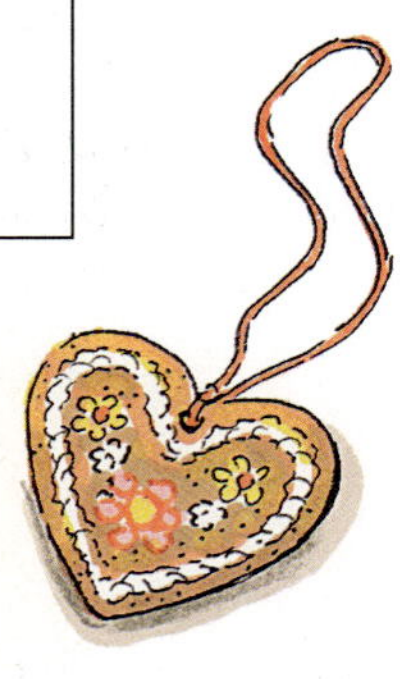

Der Frühling

B 51

Der Frühling ist gekommen.
Freudig begrüßen ihn die Vögel
mit lieblichem Gesang.
Sanft säuselt der Wind
und leise murmeln die Quellen.

Der Himmel wird schwarz.
Blitze zucken und Donner grollen.
Die Vögel verstummen.
Mit dem neuen Sonnenschein
beginnen sie wieder zu singen.

Text und Melodie: Antonio Vivaldi

1. Den 1. Satz aus dem „Frühling" (B 51) der „Vier Jahreszeiten" von Antonio Vivaldi hören. Dabei die unterschiedlichen Teile der Musik erkennen (Ritornell, Couplet).
2. Den wiederkehrenden Teil (Ritornell) am vereinfachten Notenbild A anzeigen und die Zwischenspiele (Couplet) mithilfe der Bilder B bis F beschreiben. Entscheidungen begründen.
3. Den Verlauf der Musik an der Bildleiste mitzeigen.

A FRÜHLING

Stäbe mit bunten Papierstreifen
im Halbkreis auf und ab bewegen.

B VÖGEL

Stäbe mit Vogelfiguren
hin und her bewegen.

C QUELLE, WIND

Stäbe mit blauen Chiffontüchern
hin und her bewegen.

D DONNER, BLITZ

Stäbe mit grauen Tüchern (Donner) und Stäbe
mit roten Plastikstreifen (Blitz) entsprechend bewegen.

E STILLE, VÖGEL

Stäbe mit Vogelfiguren
still halten.

F VÖGEL

Stäbe mit Vogelfiguren
hin und her bewegen.

4 Zur Musik ein Bewegungsspiel mit Materialien gestalten.

5 Gruppen bilden. Gruppe A bildet den Halbkreis, Gruppe B bis F führt jeweils in der Mitte des Halbkreises die entsprechenden Bewegungen aus.

6 Ein Portfolio zum Thema „Der Frühling in der Musik“ anfertigen.

Singt ein Vogel

B 52

2. Blüht ein Blümlein, blüht ein Blümlein, blüht im Märzenwald,
kommt der helle, der helle Frühling, kommt der Frühling bald.
Komm doch …

3. Scheint die Sonne, scheint die Sonne, scheint im Märzenwald,
kommt der helle, der helle Frühling, kommt der Frühling bald.
Komm doch …

Text und Melodie: Heinz Lau

VOR-, ZWISCHEN- UND NACHSPIEL

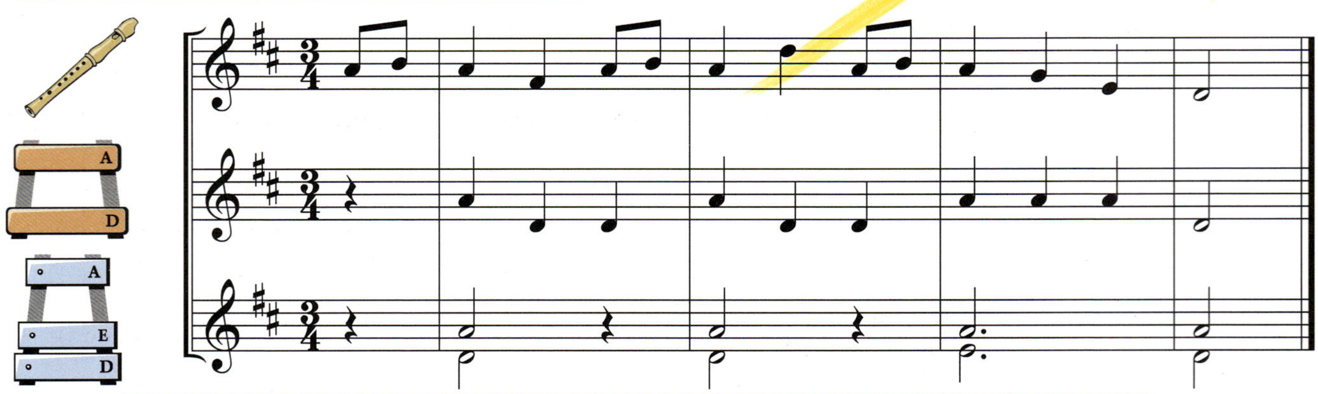

1 Den Liedtext im Melodierhythmus sprechen.

2 Den Wechsel von Zweiertakt und Dreiertakt erfahren (klatschen, betont sprechen, Notenbild ansehen …).

3 Das Lied auswendig lernen und mit einem Vor-, Zwischen- und Nachspiel vortragen.

„Kuckuck, Kuckuck“, ruft's aus dem Wald

2. Kuckuck, Kuckuck lässt nicht sein Schrein.
Kommt in die Felder, Wiesen und Wälder!
Frühling, Frühling, stelle dich ein!

Text: Heinrich Hoffmann von Fallersleben   Melodie: aus Österreich

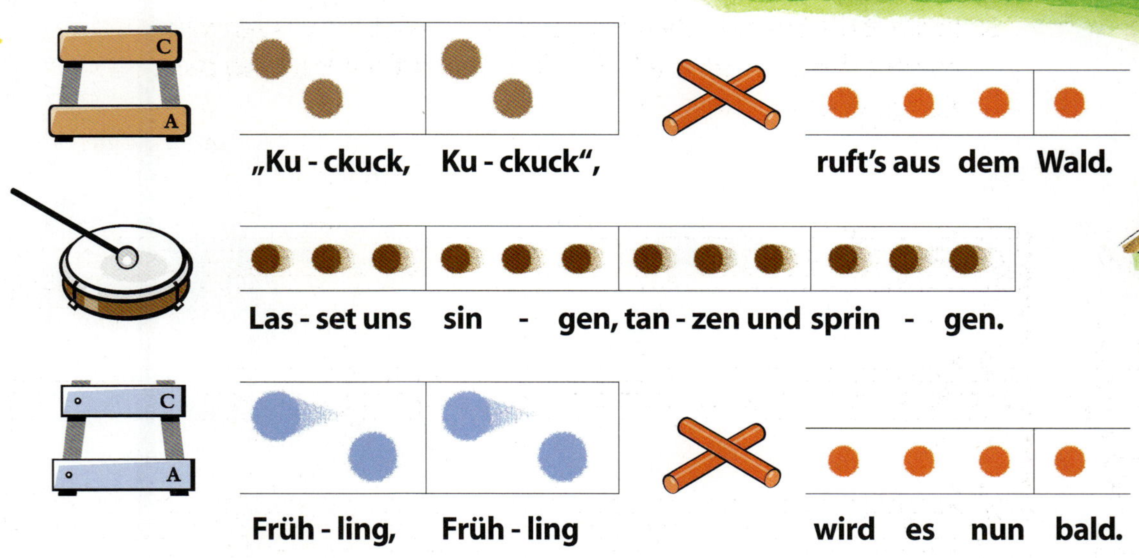

1. Das Lied (B 53) mit Xylofon, Metallofon, Klanghölzern und Handtrommel begleiten.
2. Namen, Tiere, Pflanzen, kleine Texte … ausdenken und auf die Töne C – A singen und spielen.
3. „Der Kuckuck in der Tiefe des Waldes“ (B 54) von Camille Saint-Saëns hören. Auf den Kuckucksruf mit Handzeichen reagieren.

Has, Has, Osterhas

B 55

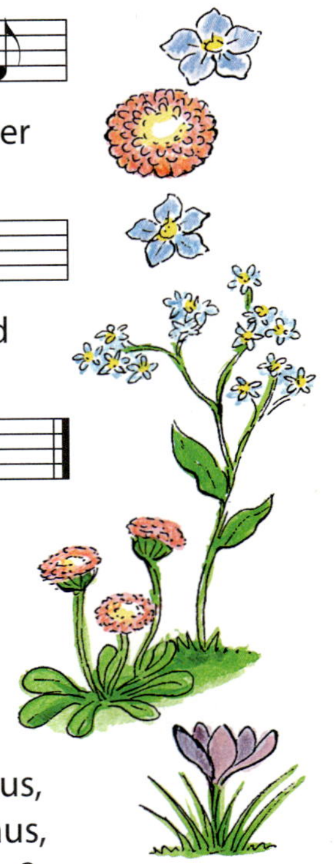

2. Has, Has, Osterhas,
ich wünsche mir das Beste:
ein großes Ei, ein kleines Ei,
dazu ein lustig' Dideldumdei.
Und alles in dem Neste.

3. Has, Has, Osterhas,
mit deinen bunten Eiern!
Der Star lugt aus dem Kasten raus,
Blühkätzchen sitzen um sein Haus,
wann kommst du Frühling feiern?

Text: Paula Dehmel Melodie: Richard Rudolf Klein

1 Das Lied singen und den Text klären (lugt aus dem Kasten = schaut aus dem Vogelhäuschen, Blühkätzchen = Weidenkätzchen).

2 Mithilfe des Liedes ein verstecktes Osterei suchen. Ist das Ei weiter weg, singen alle leise, ist das Ei in der Nähe, singen alle lauter.

3 Über die Osterzeit sprechen (eigene Erlebnisse, Sinn des Osterfestes …).

4 Ostereier bemalen, Osterkarten gestalten, Osterkörbchen basteln …

Im Mai fällt ein Regen

B 56

2. Die Vögelein weinen, doch die Maus lacht dazu,
und mich friert es an den Beinen, so sind nass meine Schuh.
3. Wir wollen eins tanzen! Die Musik macht die Maus.
Sind die Schuhe wieder trocken, geh'n wir fröhlich nach Haus.

Text: Verfasser unbekannt   Melodie: Richard Rudolf Klein

BEGLEITUNG

1 Eine Regenmusik mit Instrumenten gestalten und grafisch notieren.

2 Das Lied singen und mit Xylofon und Metallofon begleiten.
Die Regenmusik als Vor-, Zwischen- und Nachspiel einsetzen.

3 Lied und Regenmusik aufnehmen und Ergebnisse besprechen.

1

2

3

4

5

1 Musik aus dem Alltag mithilfe der Bilder 1 bis 10 bewusst kennenlernen (Musik im Tageslauf, Musik zu besonderen Anlässen, Musik an verschiedenen Orten …).

2 Die Hörbeispiele (C 1 bis 10) den Bildern zuordnen. Entscheidungen begründen.

3 Ein Portfolio zum Thema „Musik in meiner Umgebung" anfertigen.

6

7

8

9

10

C 11 bis 16

1 Die Lieblingsmusikstücke (C 11 bis 16) der abgebildeten Familie kennenlernen.

2 Über Hörgewohnheiten der eigenen Geschwister, Eltern, Großeltern … sprechen.

3 Über musikalische Tätigkeiten der eigenen Familie berichten (ein Instrument lernen, im Chor singen, in einer Band spielen …).

Meine Lieblingsmusik

1 Eigene Lieblingsmusik in den Unterricht mitbringen und vorstellen (CD, Vorspiel …). Gründe nennen, warum die Musik gefällt (Melodie, Rhythmus, Tempo, Text, Sänger …).

2 Berichten, wie musikalische Vorlieben entstanden sind (Einfluss durch Eltern, Geschwister, CD, Radio, Fernsehen …).

Text: K.-H. Großmann / H. Herde / V. Ludwig / J. Tode / K. Weber
Melodie: Ingfried Hoffmann

Spongebob Schwammkopf

1

2

Unser Sandmännchen

Die Sendung mit der Maus

3

1 Das Lied „Der, die, das" (C 17) singen. Über die Kindersendung, die Erkennungsmelodie … sprechen.

2 Die Titel der Kindersendungen und Erkennungsmelodien (C 18 bis 20) den Bildern 1 bis 3 zuordnen.

3 Über eigene Fernsehgewohnheiten sprechen (Lieblingssendungen, Zeitaufwand …).

MUSIKSCHULE
SACHE
AUSFAHRT
MEDIAHAUS
ONKEL
BIDL
103
1
2
3
4

1 Einen Hörspaziergang unternehmen. Dabei die Hörbeispiele (C 21 bis 28) den entsprechenden Orten 1 bis 8 zuordnen. Entscheidungen begründen.

2 Gemeinsam mit Lehrern, Eltern … im eigenen Umfeld Geräusche und Musik aufnehmen. Ergebnisse vorstellen und besprechen.

Ein Vogel wollte Hochzeit machen

2. Die Drossel war der Bräutigam,
   die Amsel war die Braute.
3. Der Sperber, der Sperber, der war der Hochzeitswerber.
4. Die Lerche, die Lerche, die führt' die Braut zur Kerche.
5. Frau Nachtigall, Frau Nachtigall,
   die sang mit ihrem schönsten Schall.
6. Der Spatz, der kocht das Hochzeitsmahl,
   verzehrt die schönsten Bissen all.
7. Der grüne Specht, der grüne Specht,
   der war des Küchenmeisters Knecht.
8. Die Meisen, die Meisen, die brachten bald die Speisen.
9. Die Finken, die Finken, die brachten was zu trinken.
10. Die Gänse und die Anten, das warn die Musikanten.
11. Der Pfau mit seinem bunten Schwanz,
    der führt' die Braut zum Hochzeitstanz.
12. Brautmutter war die Eule, nahm Abschied mit Geheule.
13. Nun ist die Vogelhochzeit aus
    und alle ziehn vergnügt nach Haus.

Text und Melodie: volkstümlich

1 Die Strophen dem Inhalt entsprechend ausdrucksvoll singen (feierlich, stolz, lieblich, frech, traurig …).

2 Das Lied mithilfe der Abbildungen auswendig singen.

VOR-, ZWISCHEN- UND NACHSPIEL

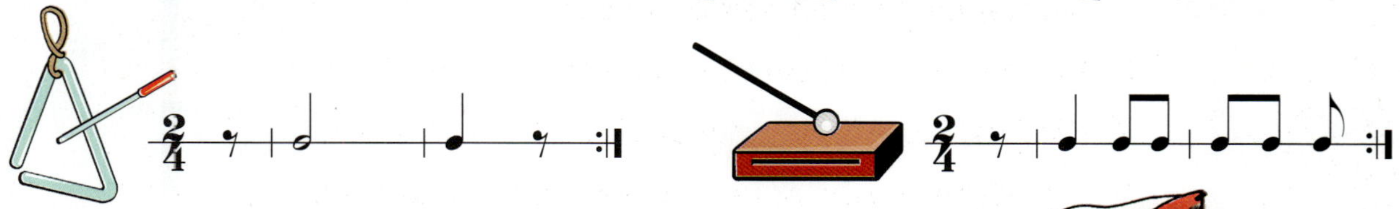

BEGLEITUNG ZUM LIED

3 Das Lied szenisch darstellen.

4 Die Rollen besprechen und den Ablauf festlegen, mit Instrumenten begleiten, Vor-, Zwischen- und Nachspiel auch selbst erfinden, sich verkleiden, Vogelmasken basteln …

Auf der Mauer

◉ C 30

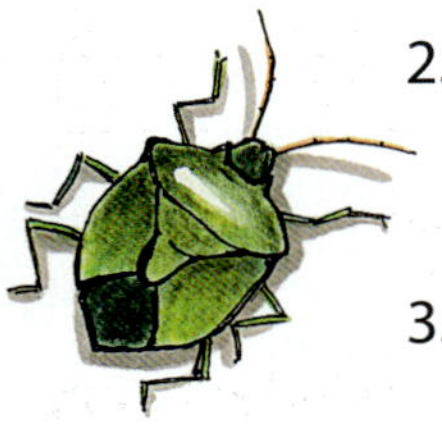

2. Auf der Mauer, auf der Lauer sitzt 'ne kleine Wanz'.
Seht euch nur die Wanz' an, wie die Wanz' tanz' kann!
Auf der Mauer, auf der Lauer sitzt 'ne kleine Wanz'.
3. Auf der Mauer, auf der Lauer sitzt 'ne kleine Wan'.
Seht euch nur die Wan' an, wie die Wan' tan' kann!
Auf der Mauer, auf der Lauer sitzt 'ne kleine Wan'.
4. Auf der Mauer, auf der Lauer sitzt 'ne kleine Wa' …

Text und Melodie: mündlich überliefert

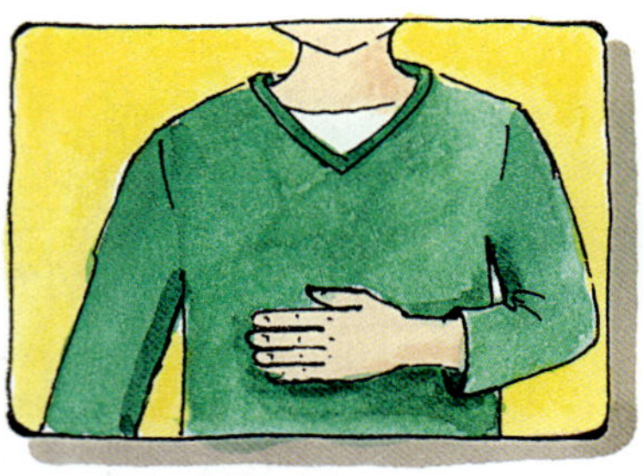

Auf der Mauer, …

auf der Lauer, …

sitzt 'ne kleine Wanze.

Seht euch nur die Wanze an, …

wie die Wanze tanzen kann.

1 Zum Lied die entsprechenden Gesten ausführen.

2 Bei jeder Wiederholung die Wörter „Wanze“ und „tanzen“ verkürzen, bis beide Wörter entfallen. Dabei die Gesten durchgehend beibehalten.

3 Am Schluss können die Wörter „Wanze“ und „tanzen“ durch weitere Wiederholungen wieder aufgebaut werden, bis sie vollständig sind.

4 Auch eigene Strophen erfinden (Fliege/fliegen, Katze/kratzen …).

Der Frosch im roten Cabrio

C 31

STROPHE

REFRAIN

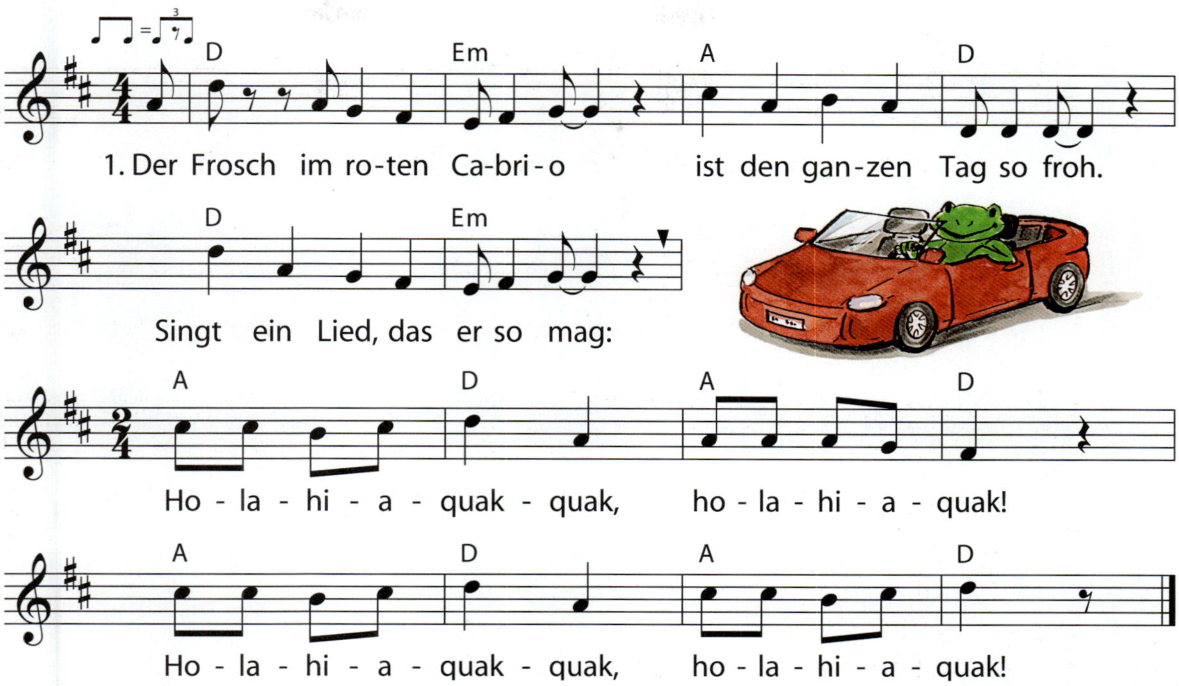

2. Der Frosch, der fährt jetzt zur Babett,
die er gern zur Freundin hätt,
denn er findet sie echt stark.
Ho-la-hi-a-quak-quak …

3. Und dann hält er vor ihrem Haus,
doch Babett kommt nicht heraus,
weil sie den Gesang nicht mag.
Ho-la-hi-a-quak-quak …

4. Babett hört lieber Radio
als den Frosch im Cabrio,
denn der singt den ganzen Tag:
Ho-la-hi-a-quak-quak …

5. Der Frosch, der fährt jetzt wieder heim,
und er schaut recht traurig drein.
Heute ist wohl nicht sein Tag.
Ho-la-hi-a-quak-quak …

6. Egal, so sagt der Frosch zu sich,
ärgern lohnt sich meistens nicht.
Morgen kommt ein neuer Tag:
Ho-la-hi-a-quak-quak …

Text und Melodie: Volker Rosin

BEGLEITUNG DES REFRAINS

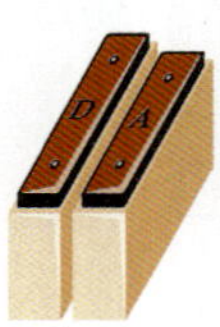

1 Den Text des Liedes im Melodierhythmus sprechen. Die Pausen mit Gesten, Geräuschen … füllen.

2 Mithilfe eigener Bilder (Leporello, Plakat …) den Text auswendig lernen.

„Auf geht's", ruft die Gans

VOR-, ZWISCHEN- UND NACHSPIEL

1. Den Refrain im Melodierhythmus sprechen. Dabei die erste Note jeden Taktes besonders betonen (Dreivierteltakt).
2. Das Lied dem Strophentext entsprechend ausdrucksstark singen.

1. „Auf geht's", ruft die Gans.
„Polonaise macht Spaß."
„Na klar", sagt die Ente,
und sie watscheln durchs Gras.
Eins, zwei, drei …

2. Der Hahn fragt die Henne:
„Wie wär's mit uns zwein?"
Die Henne sagt: „Ja."
Und sie reihen sich ein.
Eins, zwei, drei …

3. Der Truthahn stampft fröhlich
den Takt – 1, 2, 3 –
und sagt: „Das gefällt mir,
da bin ich dabei."
Eins, zwei, drei …

4. Der Schwan kommt an Land
nur mit Müh' von der Stell'.
Er ruft: „Freunde, wartet,
ich kann nicht so schnell."
Eins, zwei, drei …

5. Das Küken hält's in seinem
Ei nicht mehr aus.
Es schreit: „Ich will tanzen,
Mama, lass mich raus!"
Eins, zwei, drei …

6. Der Hund mit den Plattfüßen
hebt seinen Bauch.
Er denkt sich: „So watscheln
wie die, kann ich auch."
Eins, zwei, drei …

7. Die Spatzen, die kommen
von überall her.
Die Watschelpolonaise
gefällt ihnen sehr.
Eins, zwei, drei …

8. Ja, alles was tanzen kann,
kommt nun heran
und schließt sich dem
lustigen Watscheltanz an.
Eins, zwei, drei …

Text und Melodie: Klaus W. Hoffmann

WATSCHELTANZ

3 Den Inhalt des Liedes in einem Spiel darstellen (Aufstellung im Halbkreis, sich nacheinander zur „Polonaise" einreihen, passende Bewegungen und Gesten ausführen, sich verkleiden …).

4 Ergebnis auf Video aufnehmen und besprechen.

Die Hähne am frühen Morgen

C 33, 34

2. Und die Kühe auf der Weide
machen laut muh muh muh muh muh,
und die Schafe auf der Heide,
ja die blöken noch dazu.

3. Und die Schweine da im Stalle
grunzen laut uff uff uff uff uff,
und schon suhlen sie sich alle,
guff guff guff, guff guff guff guff guff.

Text: Heinz Lemmermann Melodie: aus Frankreich

1 Das Lied singen und die gebastelten Tierfiguren passend zum Melodierhythmus bewegen.

2 Beim Singen die Tierlaute deutlich artikulieren.

3 „Hühner und Hähne" aus „Karneval der Tiere" von Camille Saint-Saëns hören (C 34).
Auf Hahnenschrei und Hühnergegacker reagieren (Handbewegung, Armbewegung, unterschiedliche Körperhaltung, sich beim Hahnenschrei erheben …).

Horch, was macht der Gockelhahn

C 35

VOR- UND NACHSPIEL

Mähmähmäh

Quakquakquak

2. Horch, was macht, horch, was macht,
macht der Nachbarhund?
? , ? macht der Nachbarhund.

3. Horch, was macht, horch, was macht,
macht das fette Schwein?
? , ? macht das fette Schwein.

4. Horch, was macht, horch, was macht,
macht der Ziegenbock?
? , ? macht der Ziegenbock.

5. Horch, was macht, horch, was macht,
macht der Frosch im Schilf?
? , ? macht der Frosch im Schilf.

6. Horch, was macht, horch, was macht,
macht der Karpf' im Teich?
? , ? macht der Karpf' im Teich.

7. Und was macht, und was macht
jetzt der ganze Chor?
? …

Text und Melodie: Hans Baumann

Wauwauwau

Oioioi

Kikriki

1 Die Tierlaute den Strophen zuordnen.

2 Den Text im Melodierhythmus deutlich sprechen. Die Tierlaute mit der Stimme ausdrucksvoll gestalten.

3 Weitere Liedstrophen mit Tieren erfinden (Kuh, Schaf, Katze …).

Komm, mein Pferdchen

C 36

2. Will dich holen, will dich holen von der grünen Weide.
   Will dich holen, will dich holen, reiten wolln wir beide.
   Ajaj, ajajaj, reiten wolln wir beide.
   Ajaj, ajajaj, reiten wolln wir beide.

3. Hei, dann geht es, hei, dann geht es über alle Brücken.
   Hei, dann geht es, hei, dann geht es, brauch mich nicht zu bücken.
   Ajaj, ajajaj, brauch mich nicht zu bücken.
   Ajaj, ajajaj, brauch mich nicht zu bücken.

Text: Ortfried Pörsel

Melodie: aus Slowenien

BEGLEITUNG

1 Das Traben der Pferde nachahmen (mit der Zunge schnalzen, mit den Fingern schnipsen, mit Kokosnussschalen oder Röhrentrommeln spielen …).

2 Zum Lied eine Bewegungsgestaltung mit gebastelten Steckenpferden erfinden (schreiten, traben, galoppieren …).

3 Einen Tanz ausführen (zu Teil A paarweise mit Kreuzfassung frei im Raum gehen, laufen oder hüpfen, zu Teil B stehen und sich gegenseitig in die Hände patschen).

Eine kilometerlange Riesensuperschlingelschlange

Text und Melodie: Rudolf Nykrin

BEGLEITUNG

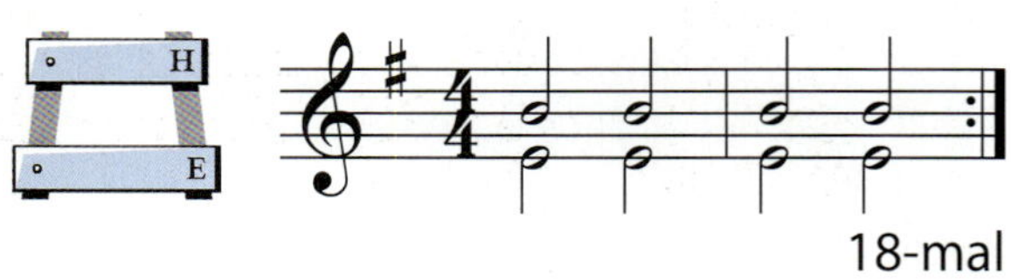

1 Gruppen bilden und den Text zeilenweise sprechen, dabei Lautstärke und Tempo variieren.

2 Das Lied auswendig singen und die Auf- und Abwärtsbewegung in der Luft mitzeigen. Die zweite bis fünfte Notenzeile beliebig oft wiederholen.

3 Zum Lied ein Bewegungsspiel ausdenken. Raumfiguren überlegen, ausprobieren und aufzeichnen.

Königlicher Marsch der Löwen

C 38

A

B

MITSPIELEN ZUR MUSIK

BEWEGUNGSSPIEL ZUR MUSIK

A

Wie ein Löwe umherschreiten

B

Sich aufrichten und fauchen

1 „Königlicher Marsch der Löwen“ (C 38) aus „Karneval der Tiere“ von Camille Saint-Saëns hören. Musikalische Kontraste entdecken und beschreiben (Tempo, Lautstärke, Melodieverlauf …).

2 Tierbewegungen nachahmen und mit Instrumenten begleiten.

3 Zur Musik ein Bewegungsspiel gestalten.

Aquarium

C 39

MUSIK DARSTELLEN

1 „Aquarium" (C 39) aus „Karneval der Tiere" von Camille Saint-Saëns hören. Hörauffälligkeiten erkennen und beschreiben. Einen Bezug zum Titel „Aquarium" herstellen.

2 Zur Musik mit verschiedenfarbigen Chiffontüchern und passenden Bewegungen ein Aquarium (Algen, unterschiedliche Fische, Luftblasen …) darstellen.

3 Ergebnis auf Video aufnehmen und besprechen.

Mit der Bummelbahn

C 40

Text: Margarete Jehn Melodie: Wolfgang Jehn

2. Mit der Bummelbahn mag ich gerne fahrn …
Kleine Pause auf der Reise – geht ein Schaf auf dem Gleise:

3. Mit der Bummelbahn mag ich gerne fahrn …
Kleine Pause auf der Reise – schläft 'ne Katze auf dem Gleise:

4. Mit der Bummelbahn mag ich gerne fahrn …
Kleine Pause auf der Reise – hüpft ein Frosch auf dem Gleise:

5. Mit der Bummelbahn mag ich gerne fahrn …
Kleine Pause auf der Reise – kräht ein Hahn auf dem Gleise:

1 Atem- und Stimmspiele durchführen (Lokomotivspiele).

2 Die Tierlaute in unterschiedlicher Tonhöhe und Lautstärke nachahmen.

3 Das Lied szenisch gestalten. Auch weitere Tiere einbeziehen.

Wir gehen durch den großen Wald

C 41

Wir gehen … Bäume stehn.

Bäume darstellen, durch den „Wald" gehen

Da kommt … geschwind.

Sich unter die „Bäume" setzen, Regentropfen nachahmen.

Text, Melodie und Spielidee: Margot Pötschke

1. Gruppen bilden (Singgruppe, Instrumentengruppe, Spielgruppe).
2. Zu den drei Teilen des Liedes eine Begleitung mit Instrumenten erfinden.
3. Zum Lied und Zauberspruch ein Bewegungsspiel gestalten.
4. Zum Zauberspruch die Rollen tauschen, Lied und Spiel wieder von vorne beginnen.

Und regnet's mir zum Dach herein

C 42, 43

REGENMUSIK

Drip, drap, dropf,
mir regnet's auf den Kopf,
drippel, drappel, droll,
die Stiefel sind mir voll,
rischedi, raschedi, rein,
jetzt kommt der Sonnenschein!

volkstümlich

2. Und hab ich auch im Strumpf ein Loch, Strumpf ein Loch, Strumpf ein Loch,
das macht mir nichts, ich kenn mich doch, hejo, hejo, hejo!
Wolln wir …

3. Hab ich auch auf dem Kopf kein' Hut, Kopf kein' Hut, Kopf kein' Hut,
mir geht es trotzdem richtig gut, hejo, hejo, hejo!
Wolln wir …

Text: Wolfgang Jehn
Melodie: aus England

1 Das Lied singen, dabei den Taktwechsel beachten (klatschen, betonen …).

2 Zum Lied einen Schirmtanz gestalten.
A: Unter einem Schirm dem Text entsprechende Bewegungen und Gesten ausführen.
B: Unter einem Schirm frei im Raum oder im Kreis spazieren gehen.

3 Regentropfen-Prélude „Prélude Nr. 15 Des-Dur" (C 43) von Frédéric Chopin hören.
Daraufhin eine eigene Regenmusik mit Instrumenten erfinden.

Wir denken nicht daran

C 44

Text und Melodie: B. und U. Meyerholz

1

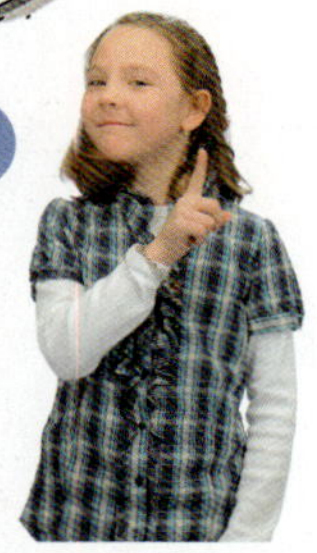

Wir denken nicht daran,

uns einen Schirm zu kaufen.

2

Wir haben Spaß daran,

im Regen 'rumzulaufen.

3

Sind wir eben

patschnass.

1 Das Lied singen und dazu entsprechende Gesten und Bewegungen ausführen.

2 Auch eigene Gesten und Bewegungen zum Lied ausdenken.

Brüderchen, komm tanz mit mir

C 45

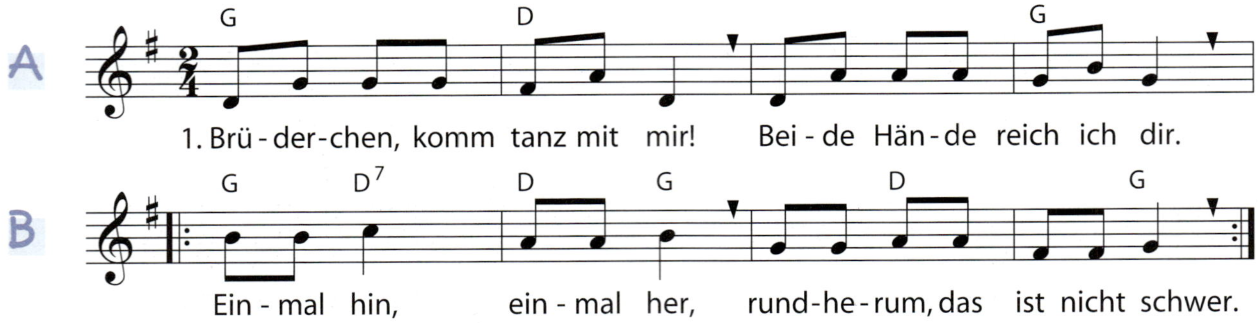

Text: Adelheid Wette   Melodie: volkstümlich

A

B

2. Mit den Füßchen trab, trab, trab!
   Mit den Händen klapp, klapp, klapp!
   Einmal hin …

3. Mit dem Köpfchen nick, nick, nick!
   Mit dem Fingerchen tick, tick, tick!
   Einmal hin …

4. Ei, das hast du gut gemacht!
   Ei, das hätt' ich nicht gedacht!
   Einmal hin …

5. Noch einmal das schöne Spiel,
   weil es mir so gut gefiel!
   Einmal hin …

1 Aufstellung paarweise zugewandt (frei im Raum, Kreis, Gasse …).

2 Das Lied singen (Solo, Duett, Gruppe, ganze Klasse) und dazu tanzen.
Teil A: Zum Text passende Gesten und Bewegungen.
Teil B: Nachstellschritte (→ S. 161) und Paarkreis.

Komm, stell dich mal mit mir in den Wind

C 46

2. Komm, lass dich einfach treiben im Wind!
   Dann spielen wir, dann spielen wir,
   dass wir zwei Segelschiffe sind.
3. Komm, lass die Haare zausen im Wind!
   Dann spielen wir, dann spielen wir,
   dass wir zwei Struwwelpeter sind.
4. Komm, lass die Arme fliegen im Wind!
   Dann spielen wir, dann spielen wir,
   dass wir zwei schnelle Vögel sind.
5. Komm, mach dich leicht und weich im Wind!
   Dann spielen wir, dann spielen wir,
   dass wir zwei weiße Wolken sind.

Text und Melodie: Dorothée Kreusch-Jacob

VOR- UND ZWISCHENSPIEL

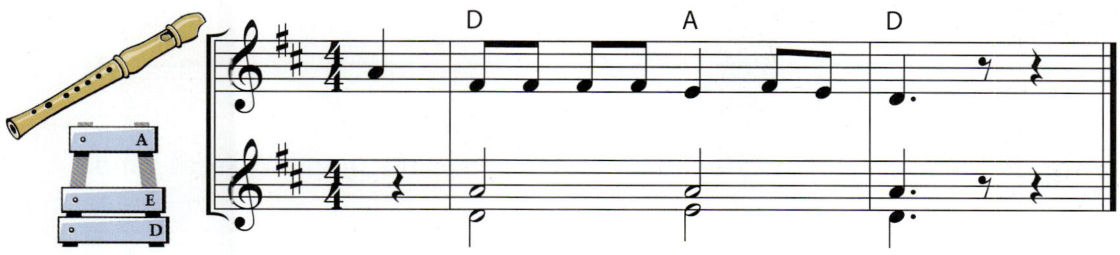

Strophe 1

Strophe 2

Strophe 3

Strophe 4

Strophe 5

1 Den Text im Melodierhythmus sprechen. Dabei die Vokale deutlich artikulieren.

2 Zum Lied entsprechende Bewegungen auch mit Materialien ausführen.

Herr Laut ging mal spazieren

C 47

Text und Melodie: Reinhard Schuhmann

BEGLEITUNG

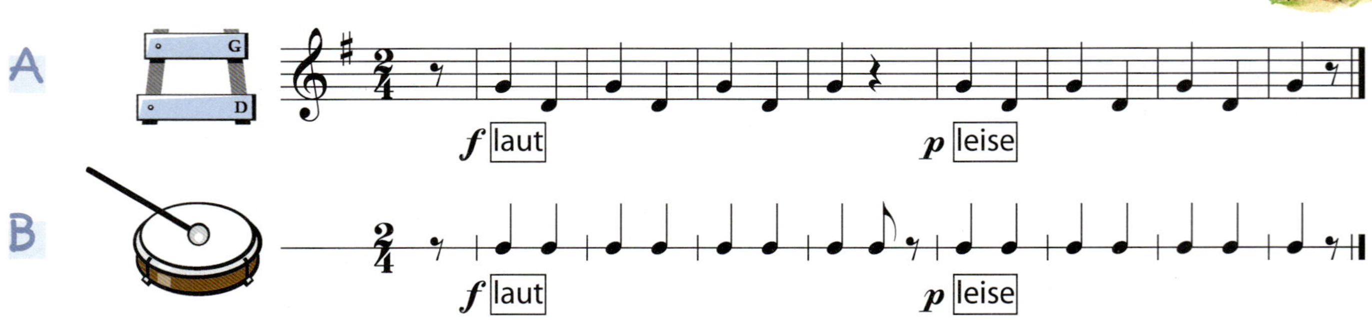

1. Laut-Leise-Spiele mit Stimme und Instrumenten gestalten.
2. Das Lied dem Text entsprechend in unterschiedlicher Lautstärke singen.
3. Zum Lied die passenden Bewegungen ausführen.

Ja, wir rufen in den Wald!

C 48, 49

Text und Melodie: Hans Baumann

ECHOSPIELE

1. Das Echolied singen (Gruppe 1: laut = forte = f; Gruppe 2: leise = piano = p).
2. Auch eigene melodische und rhythmische Echospiele erfinden.
3. „Echo“ (C 49) von Valentin Hausmann hören. Die Musik mit roten und gelben Chiffontüchern darstellen.

Eisenbahnmusik

C 50

RHYTHMISCHES SPIELSTÜCK

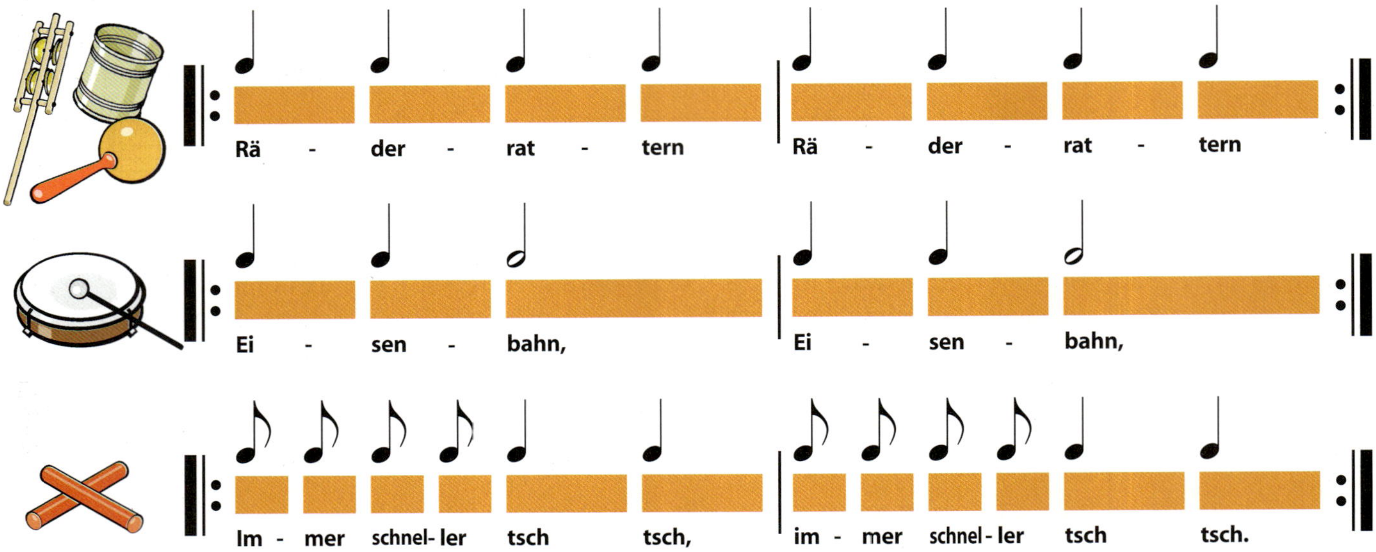

EISENBAHNSPIEL

1. „Die kleine Eisenbahn von Caipira" (C 50) von Heitor Villa-Lobos hören. Musikalische Steigerungen (Tempo, Lautstärke) entdecken.
2. Das rhythmische Spielstück einüben, dabei Tonlängen kennenlernen (→ S. 164).
3. ☆ Auch weitere Texte zu den Bausteinen erfinden und aufschreiben.
4. Ein Eisenbahnspiel zur Musik gestalten (Ablauf festlegen, Geräusche mit der Stimme imitieren …).

Wir sind Roboter aus Witten

C 51

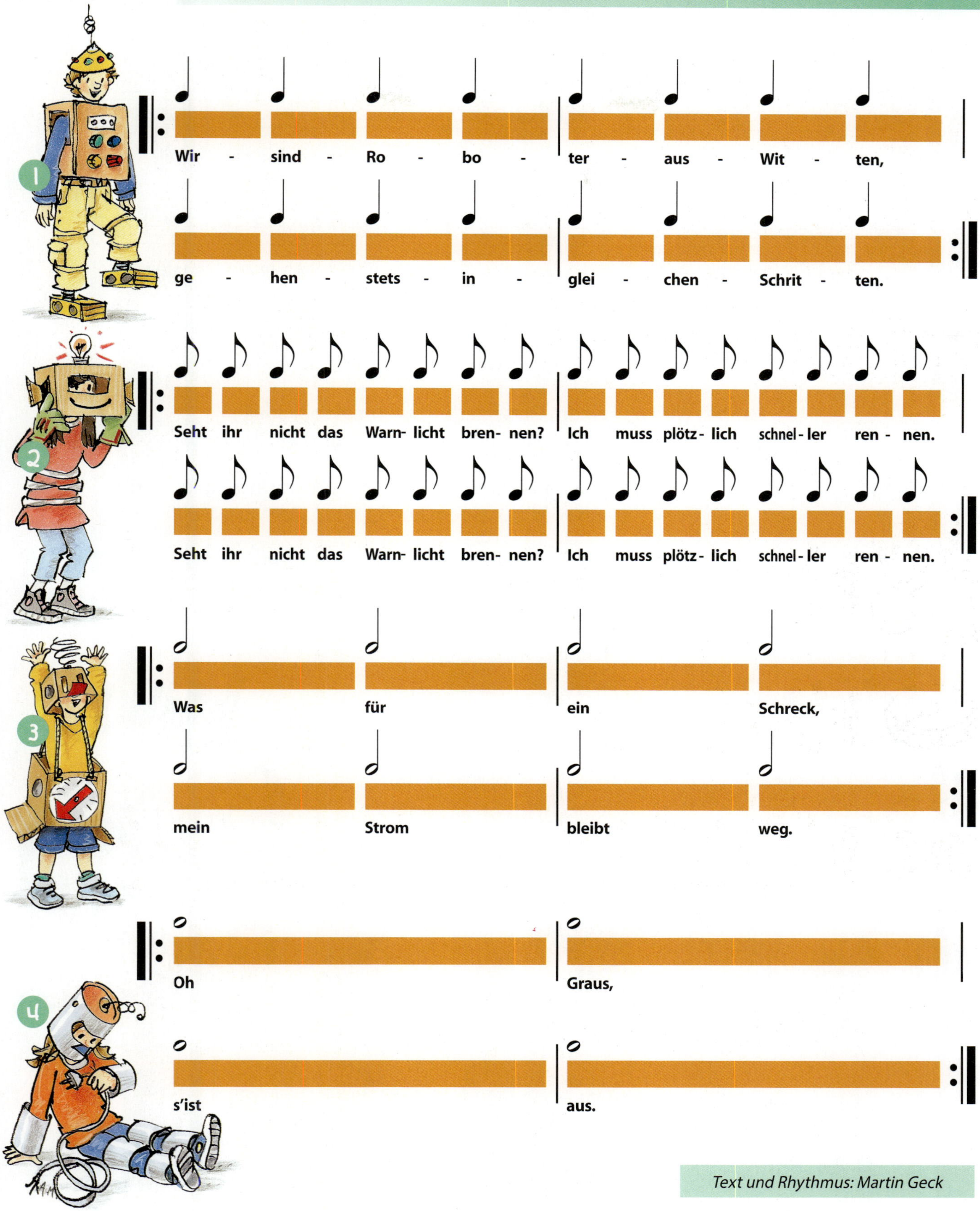

Text und Rhythmus: Martin Geck

1 „Wir sind Roboter aus Witten“ auf vier Gruppen verteilen und den Text wie ein Roboter sprechen (Stimme verändern, Klangfarbe verändern …), dabei Tonlängen kennenlernen (→ S. 164).

2 Zur Musik „Die Roboter“ (C 51) von „Kraftwerk“ ruckartige Bewegungen eines Roboters ausprobieren (den Kopf hin und her bewegen, vorwärts, rückwärts oder seitwärts gehen, sich auf der Stelle drehen …).

Was wird aus unsrem Auto

C 52

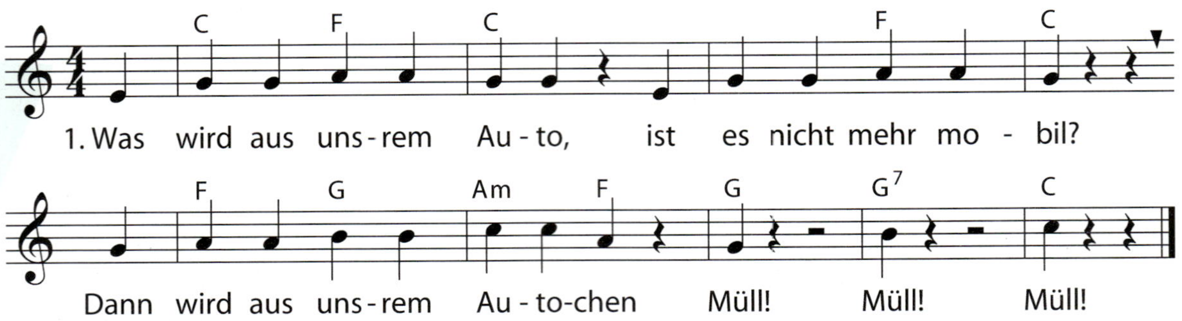

2. Was wird aus einem Kleide, wenn's nicht mehr passen will?
Dann wird aus einem Sonntagskleid Müll! Müll! Müll!

3. Was wird aus einem Glase, zerbrach einmal sein Stiel?
Dann wird aus einem feinen Glas Müll! Müll! Müll!

4. Was wird aus alten Stiefeln, wenn's warm wird im April?
Dann wird aus einem Stiefelpaar Müll! Müll! Müll!

5. Und geht das stets so weiter, so ohne Sinn und Ziel,
dann wird vielleicht der Erdenball Müll! Müll! Müll!

Text: James Krüss
Melodie: Christian Bruhn

1 Über Müllprobleme sprechen (Müllverursacher, Müllvermeidung, Müllverwertung, Mülltrennung …).

2 Abfallprodukte sammeln und trennen (Glas, Plastik, Papier, Metall …).

3 Das Lied singen und jeweils die letzten drei Takte mit „Müllinstrumenten" klanglich gestalten.

Umweltboogie

C 53

REFRAIN

STROPHE

2. Waren sind so schön verpackt.
Alles Müll! – Total beknackt!
Unsre Umwelt soll nicht leiden,
deshalb heißt es: Müll vermeiden!

3. Konsumieren – ex und hopp!
So darf es nicht gehen! Stopp!
Müll sortieren ist nicht schwer.
Also tu es, bitte sehr!

4. Holz und Gas und Öl und Kohle
nutzen wir zu unserm Wohle.
Doch der Vorrat Energie
ist begrenzt, drum spare sie!

5. Denke doch auch mal an Morgen!
Jeder sollte dafür sorgen,
dass uns unsre schöne Welt
auch in Zukunft noch gefällt!

Text und Melodie: Hans-Joachim Scheurlen

BEGLEITUNG DER STROPHEN

1 Das Lied singen und besondere Merkmale von Rhythmus und Melodie, Strophe und Refrain bewusst erfahren (auf Tonsilben singen, summen, klatschen …).

2 Den Refrain mit „Müllinstrumenten“ und die Strophen mit Metallofon und Xylofon begleiten.

Weil heute dein Geburtstag ist

C 54

2. Sogar ein bunter Blumenstrauß
schmückt heute deinen Tisch.
Wenn du den Strauß ins Wasser stellst,
dann bleibt er lange frisch.

3. Und wenn du einen Kuchen hast,
so groß wie 'n Mühlenstein,
und Schokolade auch dazu,
dann lad uns alle ein.

Text: Robert Kurt Hängekorb
Melodie: Siegfried Bimberg

patschen | **stampfen** | **klatschen und stampfen** | **zischen** | **staunen**

1 Das Lied einem Geburtstagskind vortragen.
2 Am Schluss des Liedes gemeinsam eine „Rakete" starten.

Wenn ein Kind Geburtstag hat

C 55

2. Wenn ein Kind Geburtstag hat, findet ein Konzert hier statt, und wir spielen sicherlich auf dem Glockenspiel für dich.
3. Wenn ein Kind Geburtstag hat, findet ein Konzert hier statt, und wir spielen sicherlich das Metallofon für dich.
4. Wenn ein Kind Geburtstag hat, findet ein Konzert hier statt, und wir spielen sicherlich auf der Flöte nur für dich.

Text: L. Holzmeister / L. Rockel
Melodie: Liselotte Rockel

ZWISCHENSPIEL 1

ZWISCHENSPIEL 2

ZWISCHENSPIEL 3

NACHSPIEL

1. Das Lied singen und dabei den Melodieverlauf mit der Hand anzeigen.
2. Nach den Strophen 1 bis 3 jeweils das entsprechende Zwischenspiel musizieren, nach der Strophe 4 die Liedmelodie auf der Flöte spielen.
3. Auch eigene Zwischenspiele erfinden.

Heute kann es regnen

C 56

2. Unsre guten Wünsche haben ihren Grund:
Bitte bleib noch lange glücklich und gesund.
Dich so froh zu sehen, ist was uns gefällt,
Tränen gibt es schon genug auf dieser Welt,
Tränen gibt es schon genug auf dieser Welt.
Wie schön, dass du …

3. Montag, Dienstag, Mittwoch, das ist ganz egal,
dein Geburtstag ist im Jahr doch nur einmal.
Darum lasst uns feiern, dass die Schwarte kracht,
heute wird getanzt, gesungen und gelacht,
heute wird getanzt, gesungen und gelacht.
Wie schön, dass du …

Text und Melodie: Rolf Zuckowski

1 Den Text des Liedes mit besonderer Beachtung des Melodierhythmus sprechen.

2 Zum Lied ein Bewegungsspiel gestalten.
Teil A: Im Kreis um das Geburtstagskind gehen. Teil B: Stehen und klatschen.

Ich schenk dir einen Regenbogen

C 57

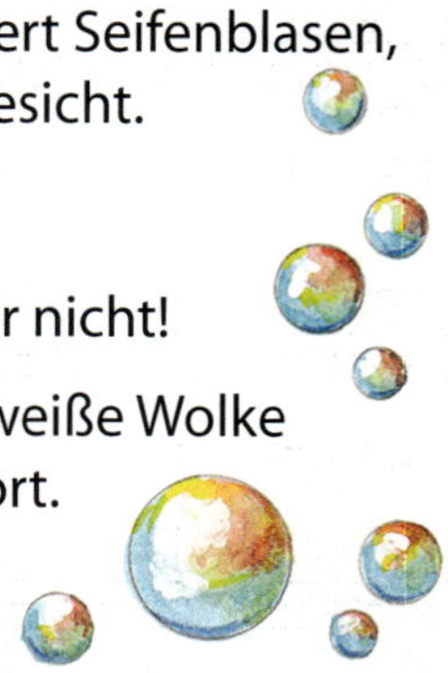

2. Ich schenk dir hundert Seifenblasen,
sie spiegeln mein Gesicht.
Ich wünsch dir was!
Was ist denn das?
Nein – Ich verrat's dir nicht!

3. Ich schenk dir eine weiße Wolke
hoch am Himmel dort.
Ich wünsch dir was!
Was ist denn das?
Es ist ein Zauberwort.

4. Ich schenk dir einen Kieselstein,
den ich am Wege fand.
Ich wünsch dir was!
Was ist denn das?
Ich schreib's in deine Hand.

5. Ich schenk dir einen Luftballon,
er schwebt ganz leicht empor.
Ich wünsch dir was!
Was ist denn das?
Ich sag's dir leis ins Ohr!

6. Ich schenke dir ein Kuchenherz,
drauf steht: „Ich mag dich so!"
Ich wünsch dir was!
Was ist denn das?
Jetzt weißt du's sowieso!

Text und Melodie:
Dorothée Kreusch-Jacob

STÄNDCHEN

BEGLEITUNG DES STÄNDCHENS

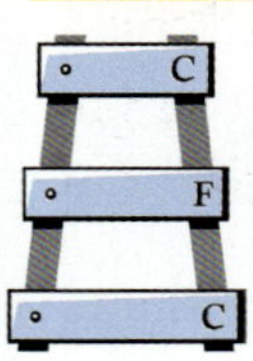

1. Das Lied singen und mit Gesten, Bewegungen, Chiffontüchern … darstellen.
2. Das „Ständchen" auch als Vor-, Zwischen- und Nachspiel musizieren.
3. ☆ Einen Kreis mit dem Geburtstagskind in der Mitte bilden, während der Zwischenspiele entsprechende Bilder und Gegenstände überreichen.

Trarira, der Sommer, der ist da

D 1

2. Trarira, der Sommer, der ist da!
Wir wollen in die Hecken
und woll'n den Sommer wecken.
Ja, ja, ja, der Sommer, der ist da!

3. Trarira, der Sommer, der ist da!
Der Sommer hat gewonnen,
der Schnee, der ist zerronnen.
Ja, ja, ja, der Sommer, der ist da!

Text und Melodie: aus der Pfalz

1 Das Lied singen und den Melodieverlauf mit der Hand anzeigen.

2 Die Liedteile A, B und C miteinander vergleichen und über die Unterschiede sprechen.

3 Die beiden grafisch notierten Melodieverläufe auf Tonsilben singen und den entsprechenden Liedtexten zuordnen.

Summ, summ, summ

2. Summ, summ, summ,
Bienchen, summ herum!
Such in Blumen, such in Blümchen
dir ein Tröpfchen, dir ein Krümchen!
Summ, summ, summ,
Bienchen, summ herum!

3. Summ, summ, summ,
Bienchen, summ herum!
Kehre heim mit reicher Habe,
bau uns manche volle Wabe!
Summ, summ, summ,
Bienchen, summ herum!

Text: Heinrich Hoffmann von Fallersleben
Melodie: aus Böhmen

1 Mithilfe der Bilder 1 bis 4 Lautspiele mit verschiedenen Konsonanten (s, w, n, sch …) gestalten, dabei auch Lautstärke und Tonhöhe verändern (laut, leise, hoch, tief …).

2 Zum Lied ein Vor-, Zwischen- und Nachspiel mit unterschiedlichen Bienengeräuschen (Stimme, Kazoo, Kamm und Papier …) erfinden.

3 Den „Hummelflug" (D 3) von Nikolaj Rimskij-Korsakow hören. Über Höreindrücke, Wirkung … sprechen.

KLANGGESTALTUNG

LIED

Text, Melodie und Spielidee: Gerda Bächli

1. Ein dicker Käfer kommt daher,
   er pustet und beeilt sich sehr.
   Wohin nur krabbelt er?

Zwei Mauseohren …

2. Da kriecht ein Schneckenmann daher,
   er nimmt sich Zeit, sein Haus ist schwer.
   Wohin nur schleicht denn er?

Zwei Mauseohren …

3. Hoch in der Luft tanzt kreuz und quer
   ein bunter Schmetterling daher.
   Wohin nur flattert er?

Zwei Mauseohren …

4. Wer läutet da so hell und fein?
   Das muss die Glockenblume sein.
   Lädt sie die andern ein?

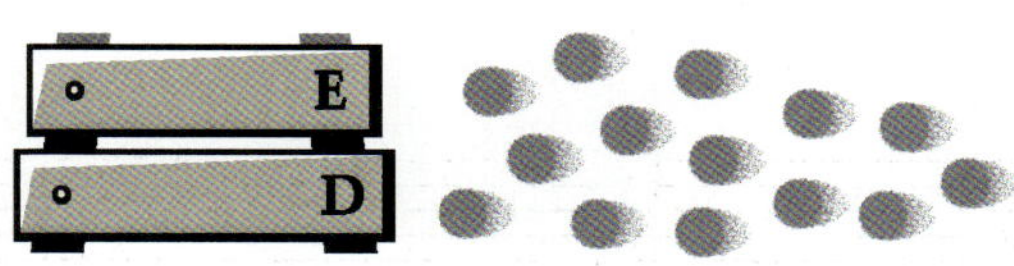

ABLAUF

Zwei Mauseohren …	1. Ein dicker Käfer …	Zwei Mauseohren …	2. Da kriecht ein …	Zwei Mauseohren …	3. Hoch in der Luft …	Zwei Mauseohren …	4. Wer läutet da …				Klingt das nicht hübsch, so ein Quartett, wir wollen sie nicht stören. Ja, wenn ich Mauseohren hätt, könnt ich das alles hören!
A	B	C	D	E	F	G	H	I	J	K	L

1. Mit Stimme, Instrumenten und Klangmaterialien ein Wiesenkonzert gestalten. Dieses auch als Vorspiel zum Lied verwenden.
2. Nach den einzelnen Liedstrophen passende Klänge mit Instrumenten spielen.
3. Den Ablauf der Liedgestaltung nach dem Plan ausführen.

Sommerwiese

LÖWENZAHN

SCHMETTERLING

GLOCKENBLUME

SCHAFGARBE

SCHLÜSSELBLUME

KLEE

BLAUMEISE

AMEISE

REH

MARGERITE

GRASHÜPFER

HAHNENFUSS

1

2

3

4

1 Die Namen der Pflanzen und Tiere rhythmisch sprechen und den grafischen Bausteinen 1 bis 4 zuordnen.

2 Mit diesen und weiteren Pflanzen- und Tiernamen Sprechstücke erfinden.

Diese Hitze

D 5

1 VORSPIEL (NUR BEGLEITUNG)

2 SPRECHEN:

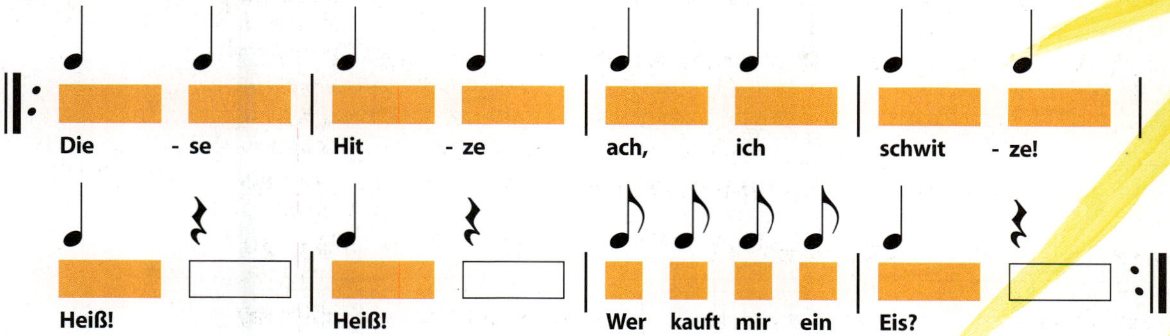

3 ZWISCHENSPIEL 1

4 SPRECHEN:

5 ZWISCHENSPIEL 2

6 SPRECHEN:

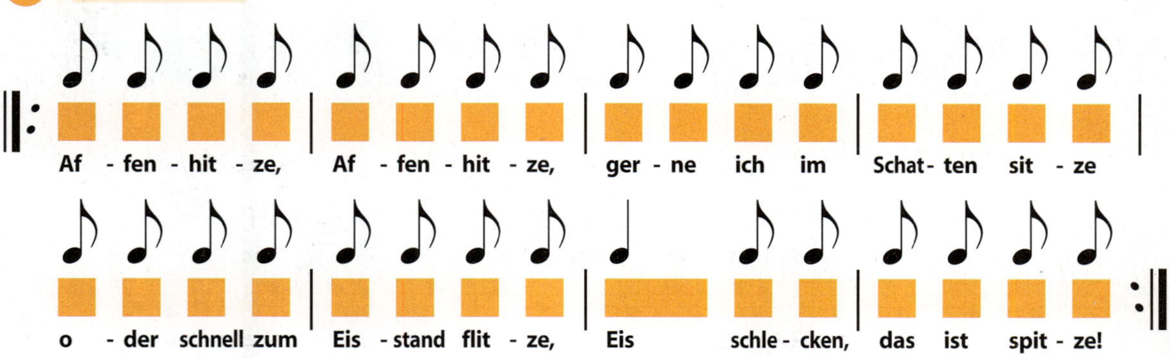

7 NACHSPIEL (NUR BEGLEITUNG, LEISER WERDEND)

BEGLEITUNG

Text und Rhythmus: Klaus Patho

1 Die Sprechteile einüben, dabei Tonlängen kennenlernen (→ S. 164).

2 Viertaktige Zwischenspiele mit Körperinstrumenten erfinden (klatschen, patschen, schnipsen …).

3 Die Sprechteile und Zwischenspiele mit der Stimme auf „bum“ und „tschak“ begleiten.

4 Die Sprechteile, die Begleitung, das Vor-, Zwischen- und Nachspiel auf Gruppen verteilt vortragen.

Endlich wieder Ferien

D 6

2. Länger liegen bleiben, niemand treibt uns raus, Ferienzeit, jetzt bleiben wir zu Haus!
3. Macht die Türen auf und lasst uns endlich gehn und wir sagen: „Tschüss, auf Wiedersehn!"

BEGLEITUNG

Text (geändert) und Melodie: Roland Leibold

1 Über den Text sprechen (Erwartungen, Eindrücke, Stimmungen, Gefühle …).

2 Das Lied singen und dabei die Pausen mit Körperinstrumenten (klatschen, patschen, schnipsen …) füllen.

3 Das Lied zum Schulabschluss vor den großen Ferien oder auch vor anderen Ferien darbieten.

Löwenzahn, Löwenzahn

D 7

VOR-, ZWISCHEN- UND NACHSPIEL

2. Pust ich alle Lichtlein aus, dunkel wird's im Wiesenhaus.
   Löwenzahn, Löwenzahn, zünde deine Lichtlein an!
3. Tausend Fünklein fliegen fort, blühn an einem andern Ort.
   Löwenzahn, Löwenzahn, nächstes Jahr hebt's wieder an!

BEGLEITUNG

Text: Kurt Kölsch Melodie: Heino Schubert

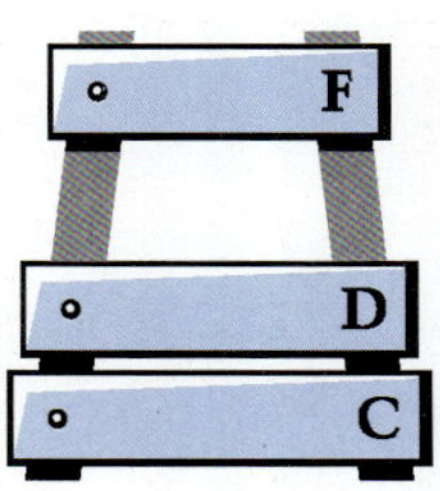

1 Mit den Tönen F-G-A-C-D auf dem Glockenspiel ein pentatonisches Vor-, Zwischen- und Nachspiel zum Lied improvisieren. Sich hierzu fliegende Löwenzahnschirmchen vorstellen.

2 Eine Bewegungsgestaltung mit gelben und weißen Chiffontüchern zum Lied ausdenken.

3 Das Lied mit Vor-, Zwischen- und Nachspiel, der Begleitung und der Chiffontüchergestaltung aufführen.

Wir sind die sieben Zwerge

VOR-, ZWISCHEN- UND NACHSPIEL

LIED

Text und Melodie: Hans Poser

BEGLEITUNG

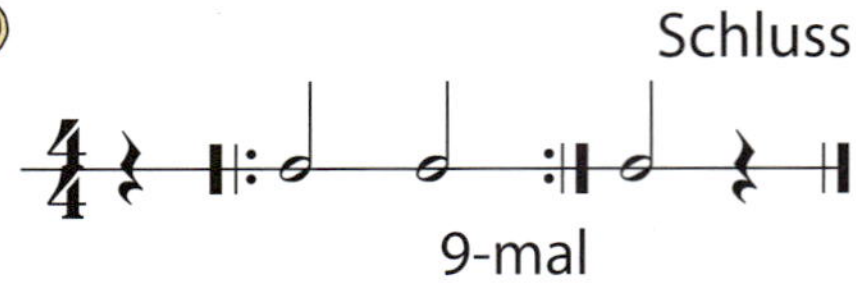

KLANGGESTALTUNG

1. Das Lied singen und mit Instrumenten begleiten.
2. Mit den Tönen F-G-A-C auf der Blockflöte, auf dem Metallofon … ein Vor-, Zwischen- und Nachspiel erfinden.
3. Eine Klanggestaltung mit Rhythmus-, Melodieinstrumenten und Stabspielen entwickeln.

LIED

2. Im Wald bei Has und Mäuslein
steht unser kleines Häuslein.
Wir haben sieben Tellerlein,
dazu auch sieben Bettchen fein,
alles ist ganz klitzeklein.

SPRECHEN

Wer hat von meinem Tellerchen gegessen?
Wer hat auf meinem Stühlchen gesessen?
Wer hat von meinem Brötchen genommen?
Wer hat von meinem Gemüschen gegessen?
Wer hat mit meinem Gäbelchen gestochen?
Wer hat mit meinem Messerchen geschnitten?
Wer hat aus meinem Becherchen getrunken?

TANZ

LIED

3. Schneewittchen kocht das Süppchen und fegt und putzt das Stübchen.
Wir nehmen es in unsre Hut, dass keines ihm ein Leid antut,
sind ihm ja von Herzen gut.

ABLAUF

Vorspiel	Lied: 1. Strophe	Klang-gestal-tung	Zwi-schen-spiel	Lied: 2. Strophe	Sprechen	Tanz	Zwi-schen-spiel	Lied: 3. Strophe	Nach-spiel
1	2	3	4	5	6	7	8	9	10

4 Zur Musik „Zug der Zwerge" (D 9) aus der „Lyrischen Suite" von Edvard Grieg eine freie Tanzgestaltung erfinden.

5 Den Ablauf von „Wir sind die sieben Zwerge" nach dem Plan proben. Auch andere Möglichkeiten des Ablaufs überlegen.

6 Eine Aufführung planen. Hierzu weitere Dialoge und Szenen ausdenken, Rollen verteilen, Verkleidung aussuchen, Ablauf festlegen …

7 Das Märchenspiel auf Video aufnehmen und Ergebnisse besprechen.

Querflöte
Violine
Fagott
Klarinette
Oboe
Horn
Pauke

1. Das Märchen „Peter und der Wolf" von Sergej Prokofjew anhand der Abbildungen erzählen.
2. Die wichtigsten Szenen besprechen und hierzu passende Bilder malen.
3. Die Instrumente und Melodien (D 10) den mitwirkenden Personen und Tieren zuordnen. Die Zuordnung begründen (Klang der Instrumente, Eigenart der Melodien …).
4. Das Märchen vortragen, dabei die Musikausschnitte (D 10 bis 17) und die gemalten Bilder dem Verlauf der Handlung entsprechend einsetzen.

I bin da Fritzi Federl

D 18

2. Mei Bike hat bloß 10 Kilo.
Des macht so vui aus:
Brauch fast gar net tretn,
wenn i aufi saus!
Und geht's dann wieder obi,
möcht i Erster sei.
Mit de 100 Zentner
is da wirklich nix dabei.
Holla Radl, drah di' …

3. I hab am Hals a Glöckerl,
des macht bim, bim, bim!
Dann woaß jeder, dass i
um de Kurvn kimm.
„Grüaß Gott!", sag i recht herzlich,
häng an Jodler dro.
Vui reib'n si' de Augn und
diam da kennt mi oana scho.
Holla Radl, drah di' …

4. I bin da Fritzi Federl,
sing mei Liad so gern.
Häng i erst am Gleitschirm,
konn mi jeder hörn.
I spui auf der Trompetn,
unter mir der Wald,
's Liad vom Fritzi Federl,
des an jed'm Radler gfallt.
Holla Radl, drah di' …

5. I hab a kloane Hüttn,
drin a Kanapee.
Da leg i mi nieder
glei beim erstn Schnee.
Im Ofa knistert's Feuerl.
Draußn pfeift der Wind.
Und i tram davo, dass i
des erste Veilchen find.
Holla Radl, drah di' …

Text und Melodie: Hans Schnitzlbaumer

1 Über den Liedtext sprechen (Inhalt, Aussprache, Herkunft …).

2 Das Lied (D 18) singen und dabei die Pausen füllen (Fahrradklingel, Glockenkranz …).

D'Bäure hot d'Katz verlorn

2. Im Höfle, im Gärtle, was jammert se schwer:
„O Mulle, liebs Mulle, so gang mr doch her!
O Mulle, liebs Mulle, so gang mr doch her!

3. I koch dir a Süpple, tua Brocka dranei.
O Mulle, liebs Mulle, komm doch wieder heim!
O Mulle, liebs Mulle, komm doch wieder heim!"

4. Was fällt jetzt dr Bäure ganz siedigheiß ei?
Dort oba aufm Boda, im Heu drin könnt's sei!
Dort oba aufm Boda, im Heu drin könnt's sei!

5. Sie steiget herzklopfet am Leiterle nauf,
ka 's fast et verschnaufa, macht's Falltürle auf.
Ka 's fast et verschnaufa, macht's Falltürle auf.

6. Guckt eine, guckt außer, jetzt horch, wie se lacht:
„Potztausig, mei Mulle, a Schläfle hot's gmacht!
Potztausig, mei Mulle, a Schläfle hot's gmacht!

7. Jetzt, dass de han gfonda, bin i aber froh.
O Mulle, liebs Mulle, jetzt bisch wieder do!
O Mulle, liebs Mulle, jetzt bisch wieder do!"

Text und Melodie: aus Schwaben

1. „D' Bäure hot d' Katz verlorn" (D 19) hören und über den Text sprechen (Inhalt, Aussprache und Bedeutung einiger Wörter, Herkunft …).
2. Das Lied singen (alle, gruppenweise, einzelne …).
3. Die Liedstrophen auf Gruppen verteilt pantomimisch darstellen.

Grün, grün, grün sind alle meine Kleider

D 20

2. Blau, blau, blau …
   weil mein Schatz ein Leichtmatrose ist.
3. Weiß, weiß, weiß …
   weil mein Schatz ein Bäckermeister ist.
4. Schwarz, schwarz, schwarz …
   weil mein Schatz ein Schornsteinfeger ist.
5. Bunt, bunt, bunt …
   weil mein Schatz ein Malermeister ist.
6. …

Text und Melodie: aus Brandenburg

VOR-, ZWISCHEN- UND NACHSPIEL

BEGLEITUNG

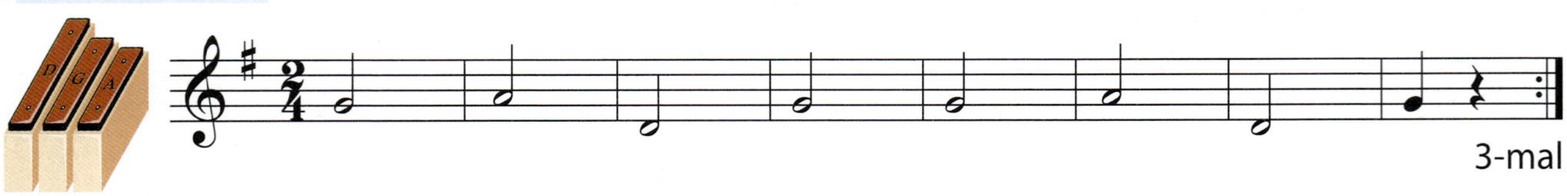

1. Die deutliche Aussprache der Vokale besonders üben (→ S. 28).
2. Die Farben durch Tücher und die Berufe durch Kleidungsstücke, Gegenstände, Bilder … darstellen. Auch weitere Strophen mit Farben und Berufen erfinden.
3. Das Lied mit Vor-, Zwischen- und Nachspiel und Begleitung auswendig lernen und aufführen.

Old MacDonald had a farm

D 21

2. Old MacDonald had a farm, E-I-E-I-O!
   And on that farm he had some pigs, E-I-E-I-O!
   With an oink-oink here and an oink-oink there,
   here an oink, there an oink, ev'rywhere an oink-oink!

3. Old MacDonald had a farm, E-I-E-I-O!
   And on that farm he had some cows, E-I-E-I-O!
   With a moo-moo here and a moo-moo there,
   here a moo, there a moo, ev'rywhere a moo-moo!

4. Old MacDonald had a farm, E-I-E-I-O!
   And on that farm he had some sheep, E-I-E-I-O!
   With a baa-baa here and a baa-baa there,
   here a baa, there a baa, ev'rywhere a baa-baa!

5. Old MacDonald had a farm, E-I-E-I-O!
   And on that farm he had some ducks, E-I-E-I-O!
   With a quack-quack here and a quack-quack there,
   here a quack, there a quack, ev'rywhere a quack-quack!

Text und Melodie: aus England

1 Das Lied einüben und in verteilten Rollen singen (unterschiedliche Vorsänger: Old MacDonald …, alle: E-I-E-I-O).

2 Weitere Strophen mit anderen Tieren erfinden (dogs: woof-woof, cats: miaow-miaow).

Doucement, les fleurs se balancent

D 22

2. Doucement, tout le jardin danse, douce, doucement.
Dans le vent, dans le vent, tout le jardin danse.
Dans le vent, dans le vent, douce, doucement.

3. Doucement, tout le monde chante, douce, doucement.
Dans le vent, dans le vent, tout le monde chante.
Dans le vent, dans le vent, douce, doucement.

Text und Melodie: Jean Naty-Boyer

1. Den Text im Melodierhythmus langsam und betont sprechen.
2. Mit Papierblumen oder mit zu Blüten geformten Chiffontüchern eine Bewegungsgestaltung zum Lied ausführen.
3. Ein Portfolio zum Thema „Lieder aus anderen Ländern“ anfertigen.

Telli turnam

D 23

2. … göle insene.
3. … kanat çirpsana.
4. … kanat gersene.
5. … söyle dönsene.
6. … çayir yolsana.
7. … gölden kalksana.
8. … gölden gitsene.

Text und Melodie: aus der Türkei

Der Kranich fliegt herab zum See.

… landet auf dem See.

… schüttelt seine Federn.

… schlägt mit den Flügeln.

… dreht sich im Kreis.

… pickt das Gras von der Wiese.

… breitet die Flügel aus.

… fliegt vom See.

BEGLEITUNG STROPHE 1 BIS 4

BEGLEITUNG STROPHE 5 BIS 8

1. Das Lied singen und beidhändig auf dem Xylofon begleiten.
2. Die Liedstrophen dem Text entsprechend mithilfe der Bilder 1 bis 8 szenisch umsetzen.
3. Als Vor-, Zwischen- und Nachspiel die Liedmelodie auf der Flöte, auf einem Tasteninstrument … spielen und mit dem Xylofon begleiten.

Steinlied aus Afrika

D 24

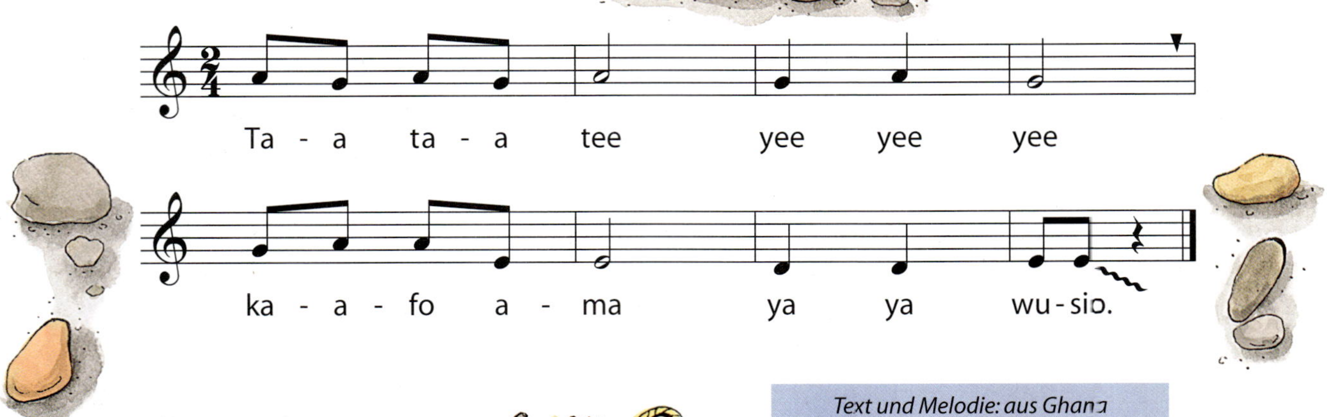

Text und Melodie: aus Ghana

1 Das Lied mehrmals hintereinander singen und dabei Steine weiterreichen.

2 Nach jedem Lieddurchgang ein weiteres Rhythmusinstrument hinzufügen. Am Schluss ausklingen lassen.

Nun stell nach hier und stell nach da

D 25

Text: Hiltraud Reckmann
Melodie: aus Brasilien

WIEDERHOLUNG

A

Rechter Fuß vor – zurück und seit – zurück (4-mal)

Linker Fuß vor – zurück und seit – zurück (4-mal)

WIEDERHOLUNG

B

Rechts einhaken und rundherum gehen (8 Schritte)

Links einhaken und rundherum gehen (8 Schritte)

Rechts einhaken und rundherum gehen (8 Schritte)

Links einhaken und rundherum gehen (8 Schritte)

1. Tanzaufstellung im Kreis oder in der Gasse paarweise zugewandt.
2. Das Lied mehrmals hintereinander singen und dazu tanzen.

Wolfgang Amadeus Mozart

5

Die erste Konzertreise der Familie Mozart führte nach München. Wolfgang Amadeus Mozart war damals sechs Jahre alt.

6

Der sechsjährige Wolfgang Amadeus Mozart wird in Wien der Kaiserin Maria Theresia vorgestellt.

7

Seine erste Sinfonie schrieb Wolfgang Amadeus Mozart im Alter von acht Jahren in London. Seine Schwester schrieb die Noten auf.

Eine kleine Nachtmusik (Anfang)

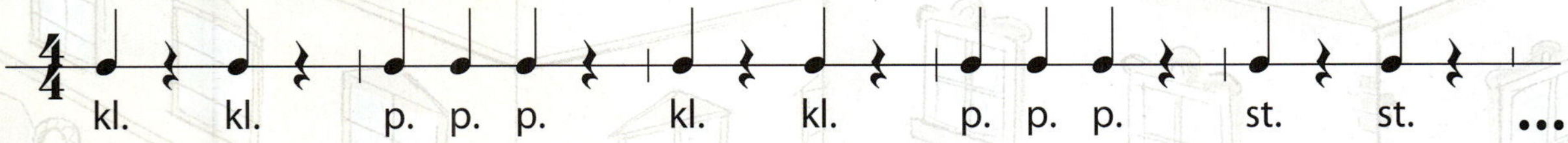

1 Sich über Wolfgang Amadeus Mozarts Leben informieren (Lehrererzählung, Internet, Hörspiel …).

2 Ausschnitte aus „1. Sinfonie Es-Dur“ (D 26), „Eine kleine Nachtmusik“ (D 27), „Klavierkonzert Nr. 20“ (D 28), „Klarinettenkonzert“ (D 29), „Sinfonie Nr. 40“ (D 30), „Klaviersonate Nr. 13“ (D 31) und „Requiem“ (D 32) von Wolfgang Amadeus Mozart hören und über die Musik sprechen (Instrumente, Wirkung, Entstehungszeitpunkt …).

3 Zu „Eine kleine Nachtmusik“ (D 27) eine Begleitung mit Körperinstrumenten erfinden (**kl**atschen, **p**atschen, **st**ampfen …).

Robert Metcalf

D 33

SECHS GEWÜRFELT

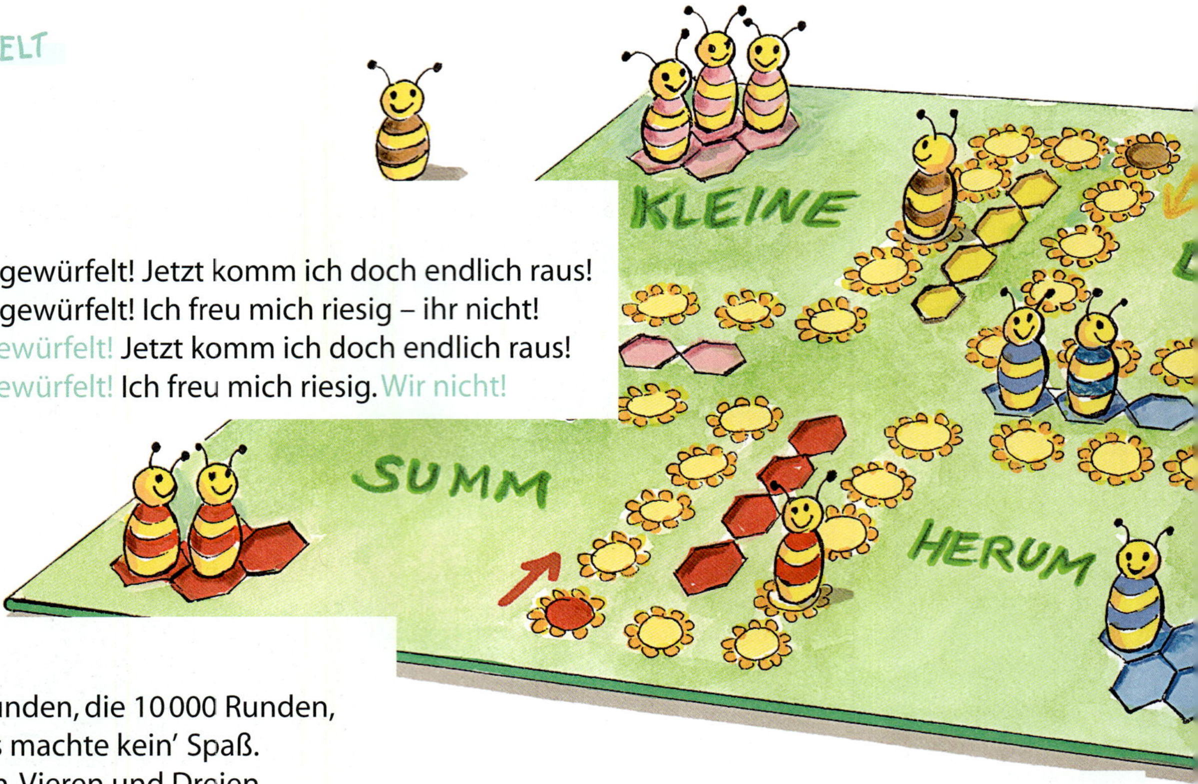

REFRAIN

Ich hab eine Sechs gewürfelt! Jetzt komm ich doch endlich raus!
Ich hab eine Sechs gewürfelt! Ich freu mich riesig – ihr nicht!
Er hat eine Sechs gewürfelt! Jetzt komm ich doch endlich raus!
Er hat eine Sechs gewürfelt! Ich freu mich riesig. Wir nicht!

STROPHE 1

Aber vorher die Stunden, die 10 000 Runden,
die ich da saß – das machte kein' Spaß.
Ich würfelte Zweien, Vieren und Dreien
und dachte: „Na gut, das war's!"
Mann, war das langweilig!
Und ihr meintet nur: „Mensch, ärger dich nicht!"
Und jetzt ärger ich mich
tatsächlich nicht – denn …
Ich hab eine Sechs gewürfelt …

STROPHE 2

Aber vorher, nee! Ich dachte: Ich geh!
Ich spiel nicht mehr mit, dann spielt halt zu dritt!
Da war nichts zu machen, es gab nichts zu lachen.
Ich hatte vom Glück – kein Stück!

Aber was haben wir da: Sechs kleine Punkte, ha-ha!

MITTELTEIL

Keine Fünf – 1, 2, 3, 4, 5. Keine Vier – 1, 2, 3, 4. Keine Drei – 1, 2, 3.
Keine Zwei – 1, 2. Keine Eins oder Zwei oder Drei oder Vier oder
Fünf! Sondern … Eine Sechs! Ha-ha!
Er hat eine Sechs gewürfelt …

SCHLUSS

So, liebe Leute, jetzt komm ich,
das Spiel ist längst nicht aus.
Ich werde auf euch landen, und dann –
schmeiß ich euch raus!

Text: Robert Metcalf

1 Das Lied „Sechs gewürfelt" (D 33) von Robert Metcalf hören, dabei die farbigen Textstellen mitsingen.

2 Beim Spielen kann Streit entstehen. Über Streitsituationen sprechen. Konflikte erläutern und nach Lösungen suchen.

3 Ein Rollenspiel zum Thema „Streit" erfinden und aufführen.

Robert Metcalf wurde 1947 in England geboren und lebt heute in Berlin. Er arbeitet als selbstständiger Sänger und Liedermacher. Singen, Gitarre spielen und Komponieren hat sich Robert Metcalf selbst beigebracht. Er hat zahlreiche Bücher und CDs veröffentlicht. Viele seiner Lieder wurden im Kinderfernsehen ausgestrahlt, wie zum Beispiel in der „Sendung mit dem Elefanten". Sein Markenzeichen ist eine schwarze Melone.

Lied komponieren

Lied proben

Lied im Tonstudio aufnehmen

Mit dem Lied auftreten

4 Den Komponisten Robert Metcalf kennenlernen.

5 Anhand der Bilder und Texte über die Arbeit des Komponisten sprechen.

Musikinstrumente in der Schule

Becken

Cabasa

Gong

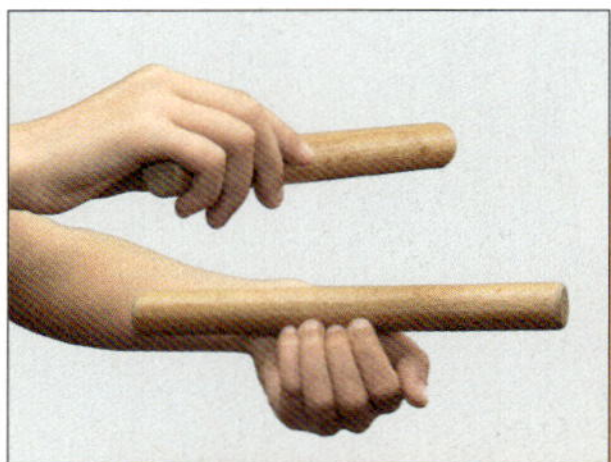

Klanghölzer

Pauke

Rassel

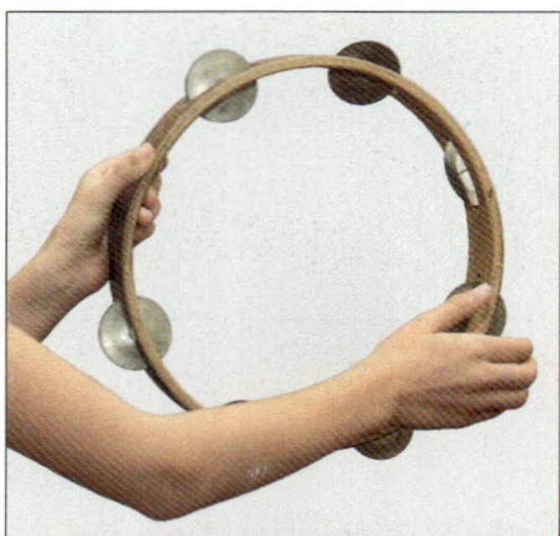

Schellenring

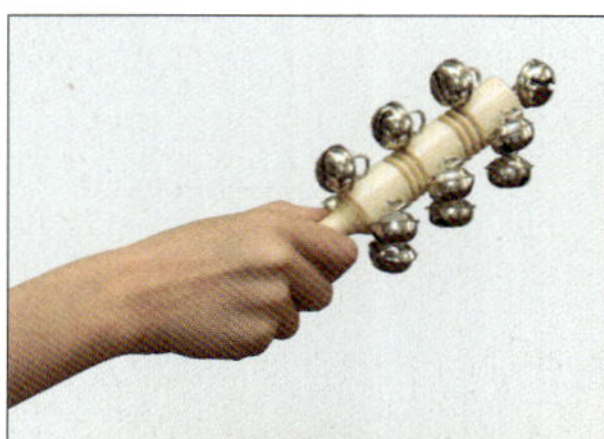

Schellenstab

Schellentrommel

Metallofon

Glockenspiel

Xylofon

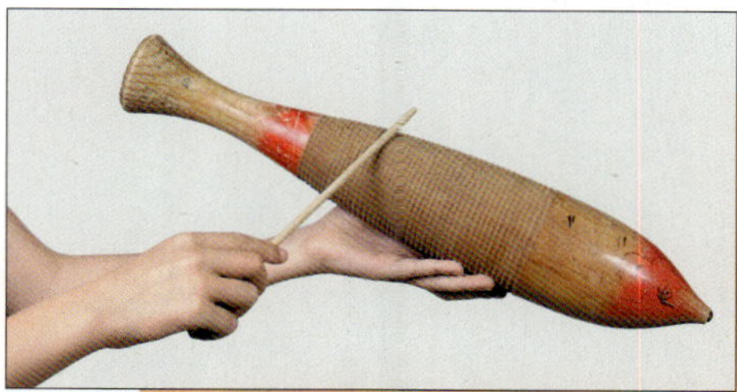

Guiro

Handtrommel

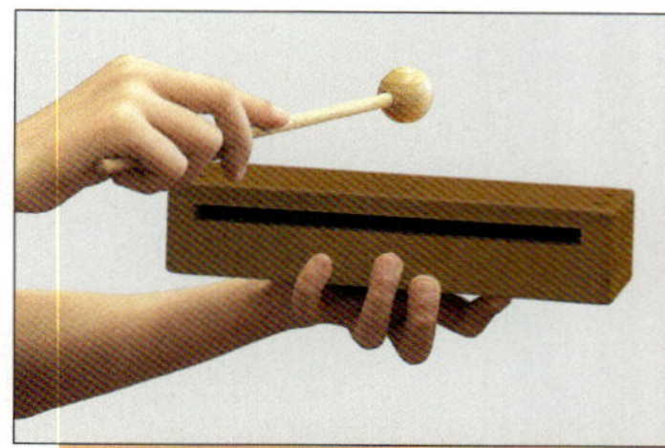

Holzblocktrommel

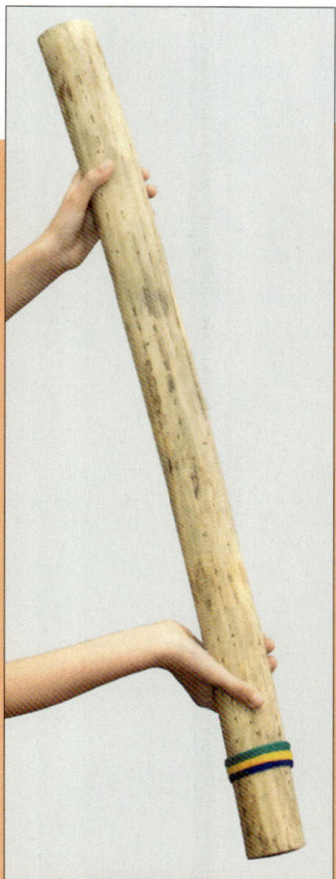

Regenmacher

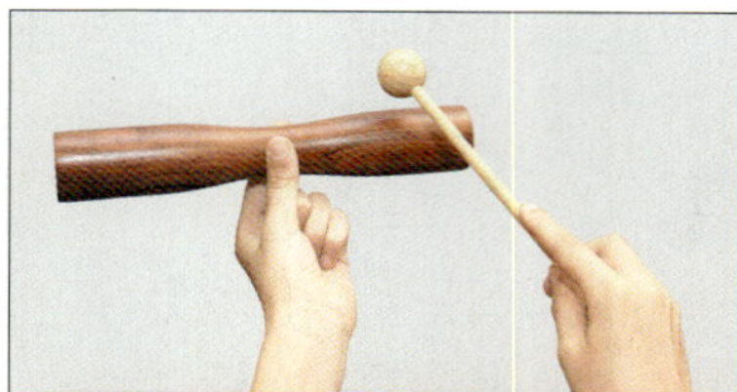

Röhrentrommel

Schellenkranz

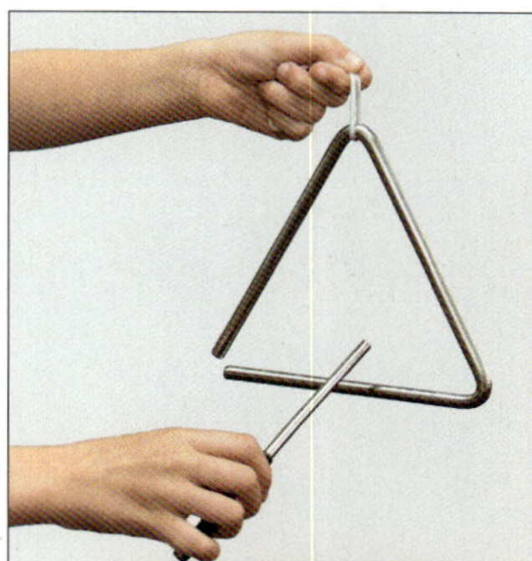

Triangel

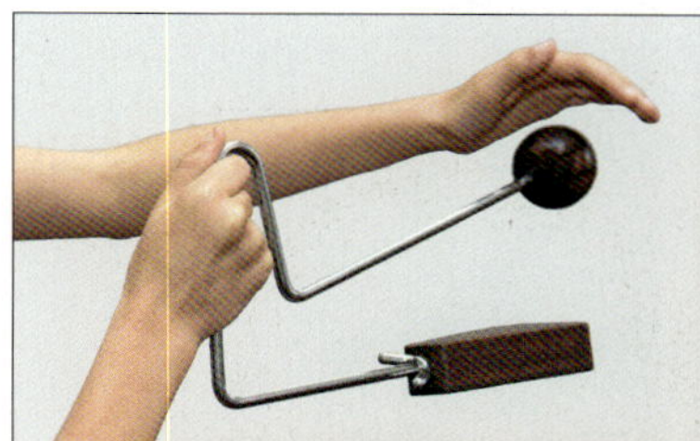

Vibraslap

Bassklangstäbe

Alle Instrumente auch im Internet

1 Name, Klang und Spielweise von Instrumenten kennenlernen (Internet, selbst erproben, CD …).

2 Instrumente hören und den Abbildungen zuordnen.

3 Instrumente erkennen, die zusammen erklingen, nacheinander erklingen … (D 34, 35).

4 Einteilen der Instrumente nach Material, Klangeigenschaft …

Musikinstrumente in Orchester und Musikschule

Violine

Cello

Kontrabass

Klarinette

Querflöte

Oboe

Fagott

Trompete

Pauke

Gitarre

Blockflöte

Schlagzeug

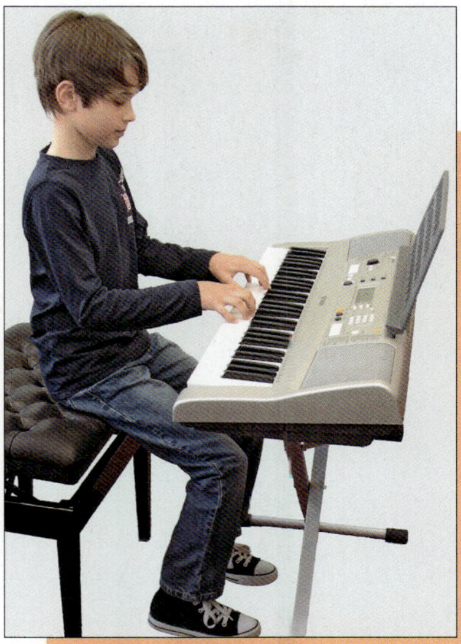

Keyboard

Klavier

Akkordeon

1 Name, Aussehen, Klang und Spielweise von Instrumenten kennenlernen.

2 Musikinstrumente hören (Internet, D 36 bis 41) und unterschiedliche Aufgaben lösen (einzelne Instrumente den Abbildungen zuordnen, Reihenfolge von Instrumenten erkennen, ein Instrument aus einer Instrumentengruppe heraus hören …).

Tanzen

AUFSTELLUNGEN

Stirnkreis

Flankenkreis

Paarkreis, zugewandt

Paarkreis, nebeneinander

Reihe, nebeneinander

Reihe, hintereinander

Gasse

Formation

SCHRITTARTEN

Nachstellschritt
(links seit – rechts ran)

Kreuzschritt
(rechts hinter links – links ran)

Tipp
(links seit – rechts ran Tipp)

Seitgalopp
(links seit – Sprung rechts ran)

Kick
(links seit – rechts Kick)

HipHop
(freie, rhythmische Bewegungen)

FASSUNGEN

Offene Fassung

Zweihandfassung

Schulterfassung

Radfassung

Kreuzfassung

Mühlenfassung

1 Die Abbildungen einzeln oder in Gruppen ohne und auch mit Musik umsetzen.

☆ **2** Mithilfe der Abbildungen eigene Tanzgestaltungen entwickeln.

Musik aufschreiben

Musik verschiedenartig notieren

Grafische Notation

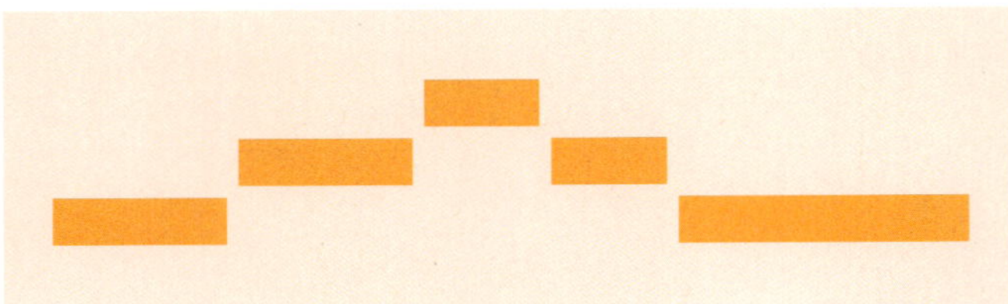

Balkennotation

Text und Melodie: Volker Rosin

Herkömmliche Notation

Klangarten

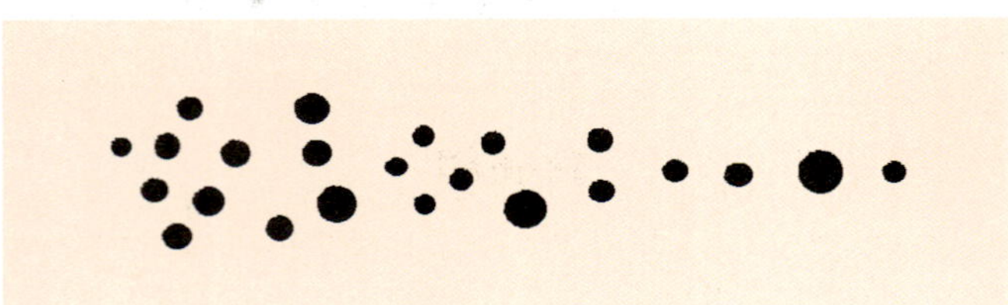

Punktklänge

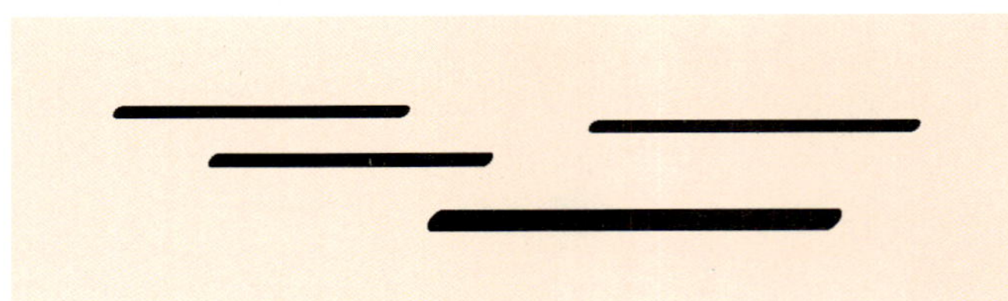

Liegeklänge

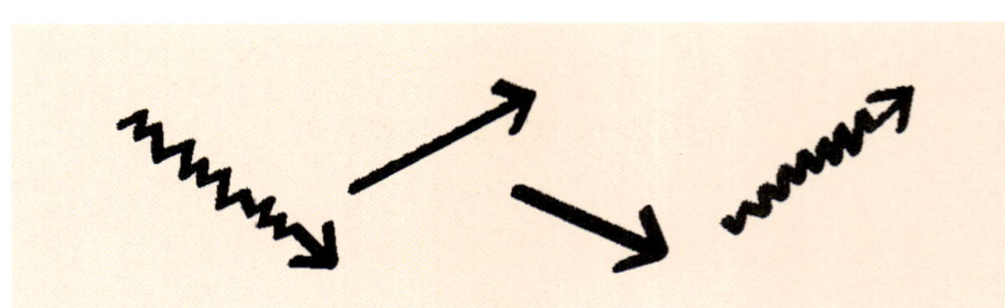

Gleitklänge

Bewegungsklänge

Lautstärke

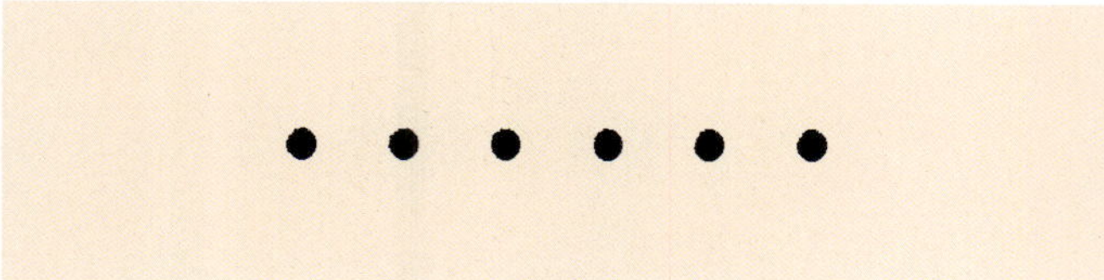

Leise

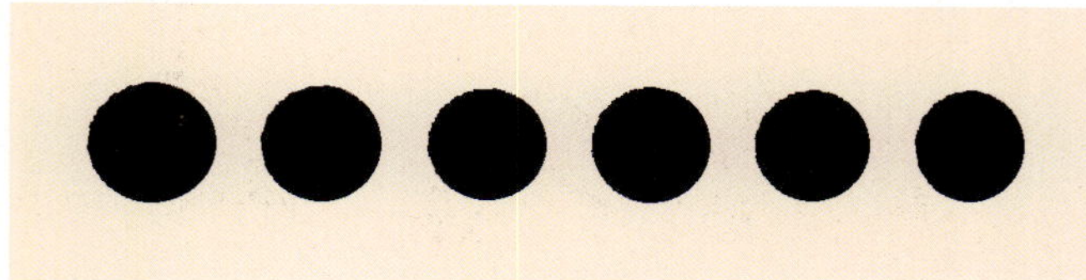

Laut

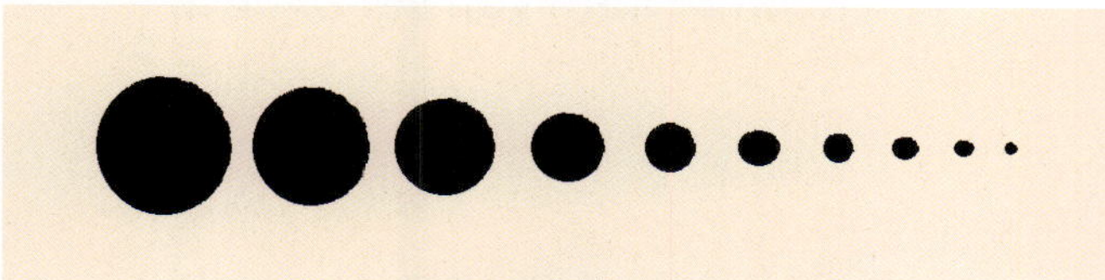

Leiser werdend

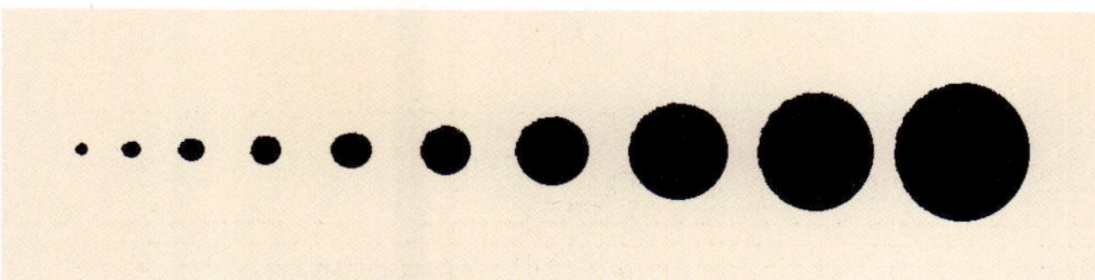

Lauter werdend

Tempo

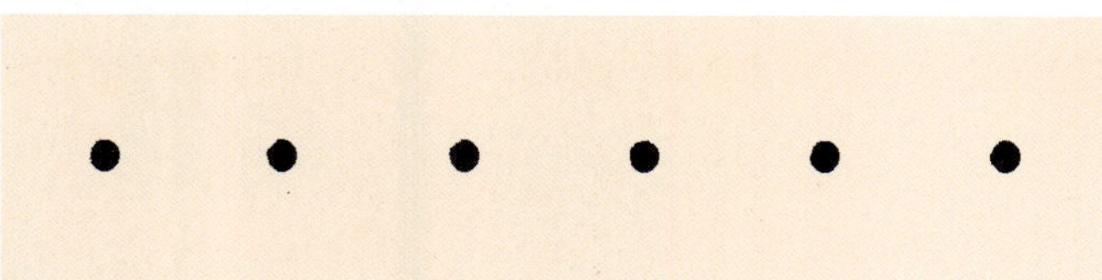

Langsam

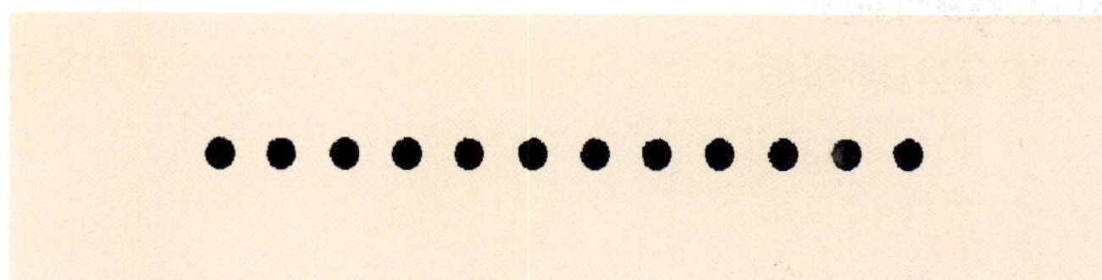

Schnell

Langsamer werdend

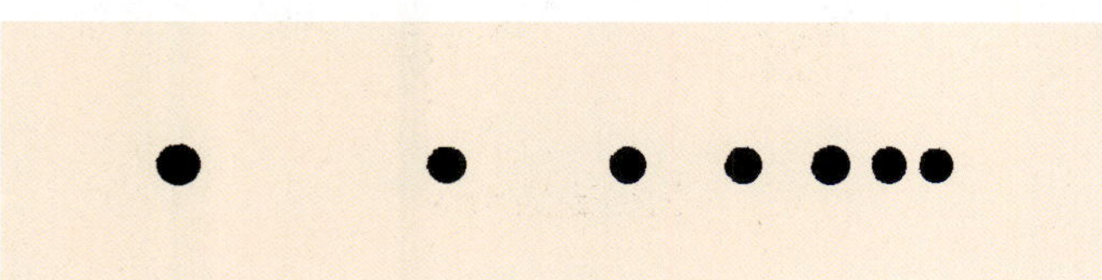

Schneller werdend

1 Die grafischen Notenbilder von Klangarten, Lautstärke und Tempo mit Instrumenten (Handtrommel, Metallofon …) umsetzen.

2 Die abgebildeten Beispiele von Lautstärke und Tempo durch Bewegung darstellen.

Musik aufschreiben

Tonhöhe

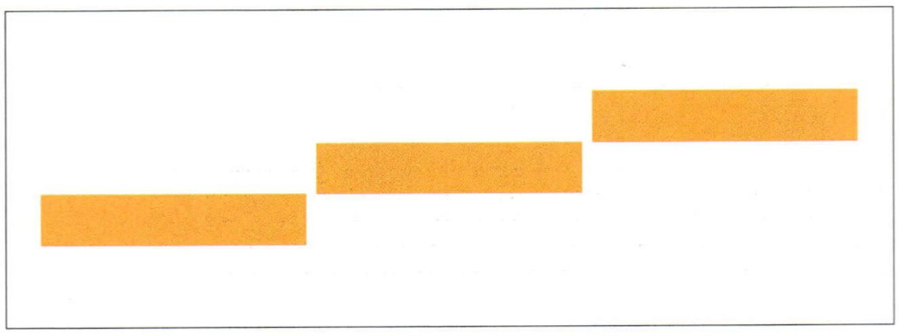

Tiefer Ton – Mittlerer Ton – Hoher Ton

Von hoch zu tief – von tief zu hoch

Tonfolgen

Tonwiederholungen

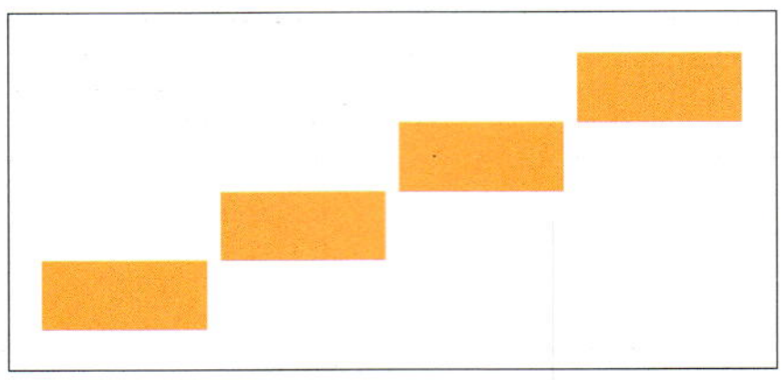

Tonschritte

Tonsprung

Tonlängen

Ganze Note

Halbe Note

Viertelnote

Achtelnote

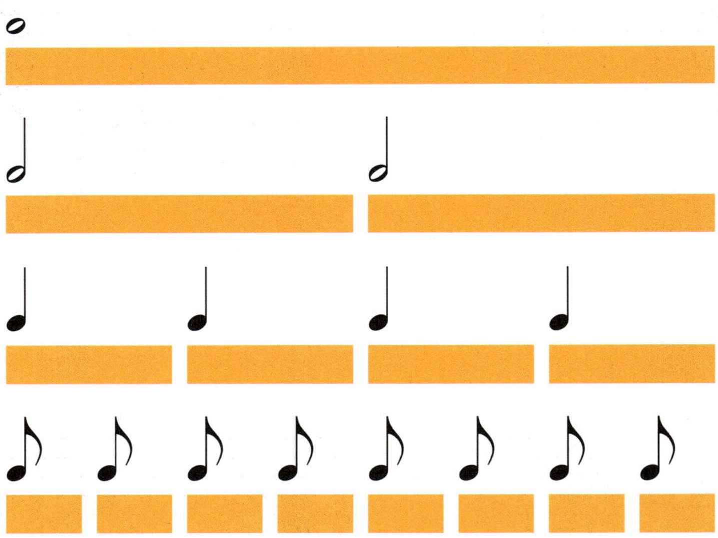

Pausen

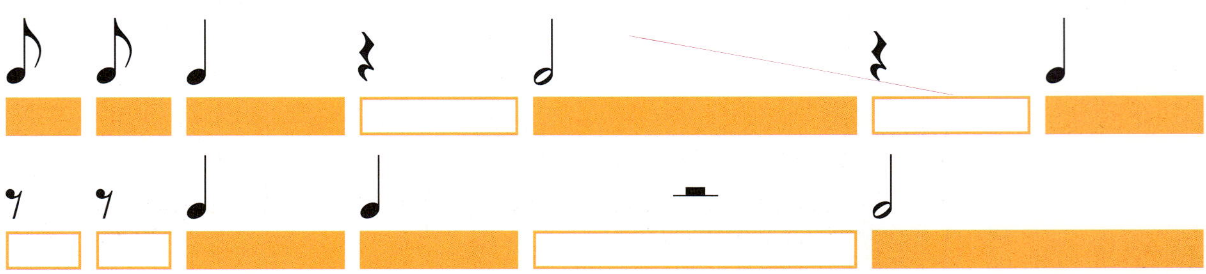

Namen der Töne

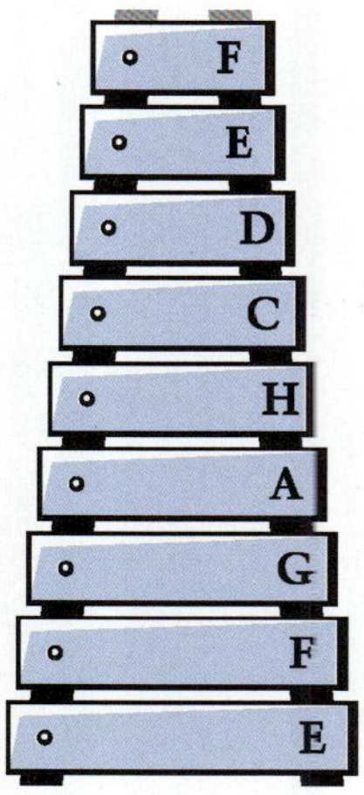

Töne auf den Notenlinien

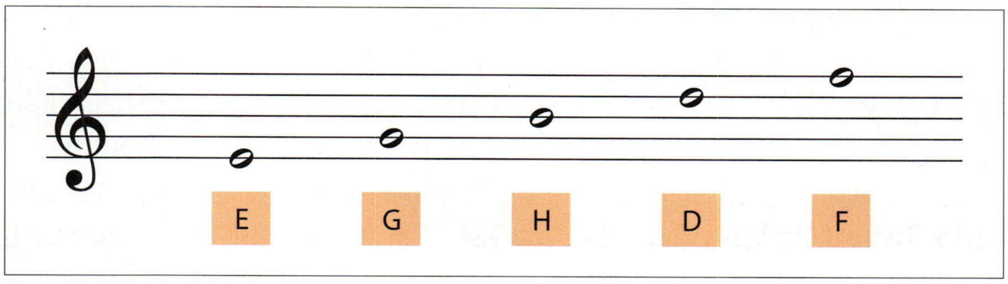

Töne in den Zwischenräumen

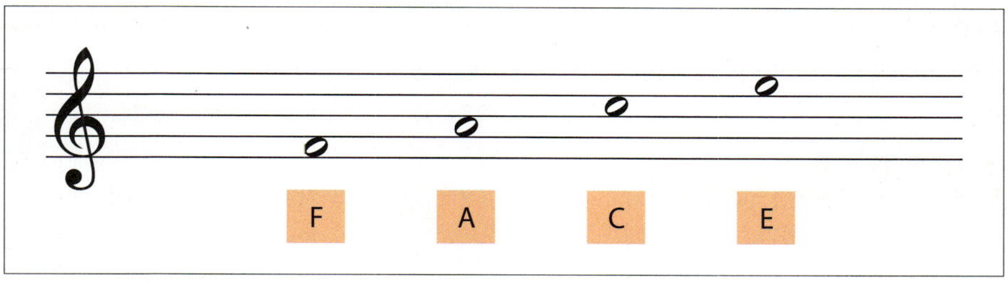

Dreiklänge

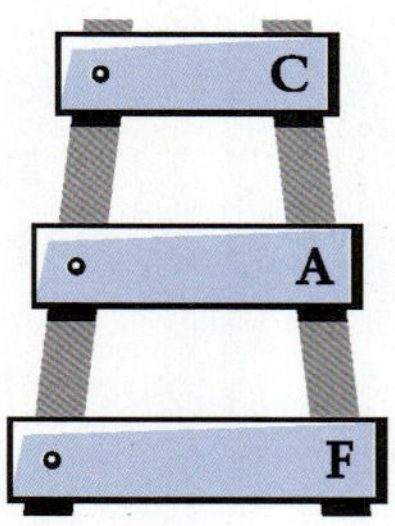

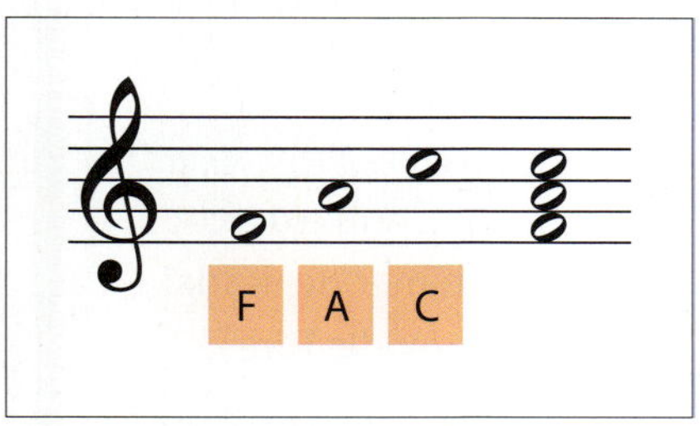

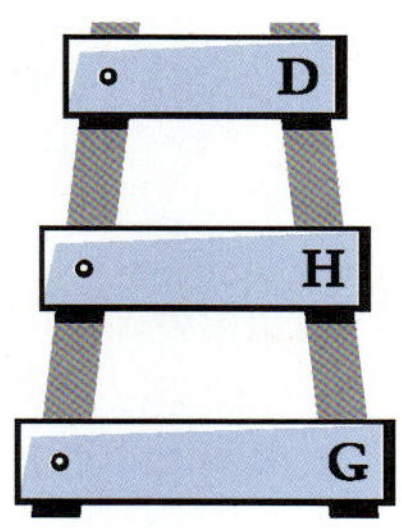

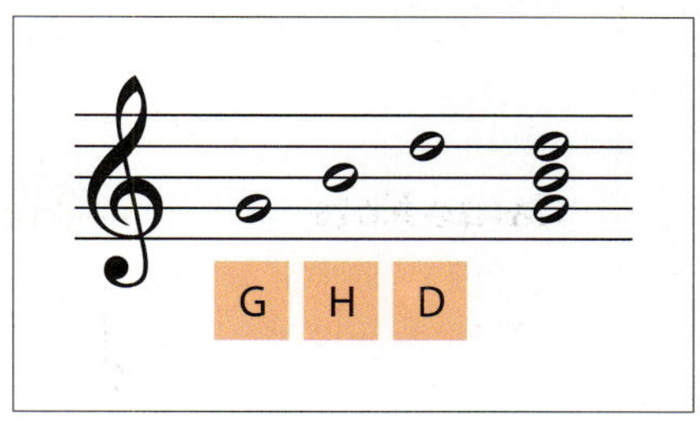

Fünftonreihe

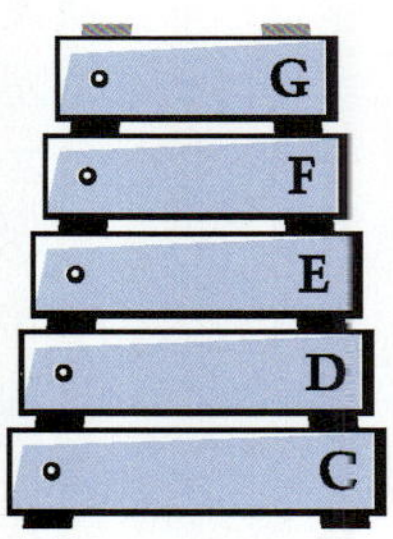

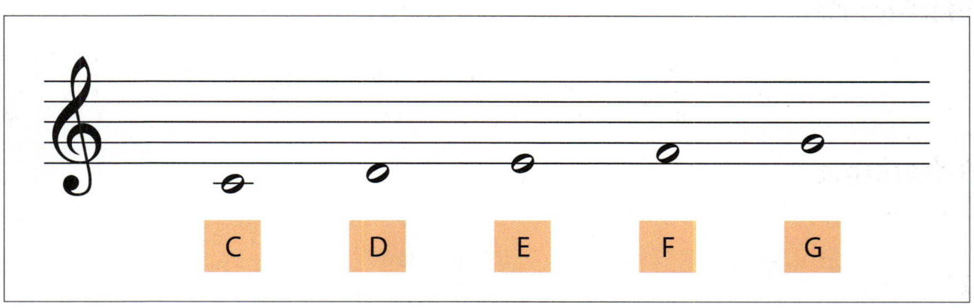

1 Die abgebildeten Beispiele von Tonhöhe und Tonfolgen mit Instrumenten (Blockflöte, Metallofon …) umsetzen.

2 Halbe Noten, Viertelnoten und Achtelnoten durch Bewegung (schleichen, gehen, laufen) darstellen.

Quellennachweis der Lieder und Texte

Seite

4 Hey hallo, wir sind jetzt in der Schule, aus: Hey du da, sing mit mir!, Mildenberger Verlag, Offenburg

5 Hände drücken … ist 'ne schöne Kunst (Hände drücken), aus: Hast du unseren Hund gesehen?, Verlag Ernst Kaufmann GmbH, Lahr

6 Guten Morgen, Dagmar Krenzer-Domina (RN Rolf Krenzer)

7 Komm, gib mir deine Hand, Dagmar Krenzer-Domina (RN Rolf Krenzer)

8 Lied von den Gefühlen (Wenn ich glücklich bin), aus: Aktive Musik Verlagsgesellschaft mbH, Dortmund

9 Wir werden immer größer, Rechte beim Urheber

10 Wir gehen jetzt im Kreise, aus: 1, 2, 3 im Sauseschritt, Menschenkinder Verlag, Münster

11 Was tun wir denn so gerne hier im Kreis, Möseler Verlag, Wolfenbüttel

12 Hört mal, ich klatsch euch was vor, Trio Kunterbunt, Groß-Gerau, Rechte beim Urheber

13 It's so easy, aus: Primary Rhymery, Verlag an der Ruhr, Mülheim

14 Mein Weg zur Schule, aus: Rolfs neue Schulweg-Hitparade, MUSIK FÜR DICH Rolf Zuckowski OHG (Sikorski Musikverlage), Hamburg

20 Nachts ist alles dunkel, MusicVision GmbH, Küsnacht

21 Wir sind zwei Musikanten, volkstümlich

22 Großer König Tinizong, aus: Der Tausendfüßler, Musikverlag zum Pelikan, Hug & Co. Musikverlage, Zürich

23 Bruder Jakob, aus Frankreich

25 Ich wünsch' dir einen guten Tag, Dagmar Krenzer-Domina (RN Rolf Krenzer)

28 La-le-lu, aus: La le lu, Musikedition Europaton P. Schaeffers, Hamburg

29 Ich brauche kein Orchester, aus: Die Wundertüte, Fidula Verlag, Boppard/Rhein

36 Guten Morgen, good morning (Guten Morgen, guten Morgen!), aus: Unser Liederbuch – Schalmei, Ernst Klett Verlag GmbH, Stuttgart

38 Guten Morgen, liebe Sonne, aus: Die Maultrommel, Fidula Verlag, Boppard/Rhein

40 Blinke, blinke, kleiner Stern, Gustav Bosse Verlag, Kassel

41 Jetzt kommt der Sandmann, aus: Die schönsten Abendlieder für Kinder, Gerth Medien Musikverlag, Aßlar

42 Herbstlied (Der Herbst ist da), aus: Die Zugabe Bd.1, Fidula Verlag, Boppard/Rhein

43 Du, unser, Gott, hast das Brot uns geschenkt (Erntedank), Religionspädagogische Arbeitshilfen GmbH, Landshut

44 Ihr Blätter, wollt ihr tanzen, volkstümlich

46 Nebel, Nebel, weißer Hauch, aus: Musikanten, die kommen, Bärenreiter Verlag, Kassel

47 Gespensterlied, aus: Die Gräfin Adelett, Arena Verlag, Würzburg

48 Durch die Straßen auf und nieder, aus: Martins- und Laternenlieder, Fidula Verlag, Boppard/Rhein

49 Leuchte, leuchte, kleine Laterne, Schott Music GmbH & Co. KG, Mainz

50 Sternentanz (Wir haben einen Stern), aus: Feste und Feiern mit Kindern, Laumann Verlag, Dülmen

53 Bimmelt was die Straß entlang, aus: Musisches Mosaik, Fidula Verlag, Boppard/Rhein

Seite

57 Gatatumba, Aktive Musik Verlagsgesellschaft mbH, Dortmund

58 Vom Christkind wollen wir singen, aus: Lieber Herbst und lieber Winter, Menschenkinder Verlag, Münster

60 A, a, a, der Winter, der ist da!, volkstümlich

61 Im Winter (Im Winter, wenn es schneit), aus: Fällt der Schnee vom Himmel, Autorenverlag Worpsweder Musikwerkstatt, Worpswede

62 Es war eine Mutter, aus der Pfalz

63 Zwölf lustige Gesellen, aus: Die Sonnenblume, Fidula Verlag, Boppard/Rhein

67 Gewitter, aus: Überall und neben dir, Beltz und Gelberg, Weinheim

68 In der Fabrik, da ist was los, aus: Ein Anfang mit Musik, Schott Music GmbH & Co. KG, Mainz

72 Ja, heute musizieren wir, Moon-Records-Verlag, Düsseldorf

76 Was macht meine kleine Geige, aus Mähren

77 Das Bärenorchester, Aktive Musik Verlagsgesellschaft mbH, Dortmund

79 La Raspa Mexicana, aus: Die Zugabe 3, Fidula Verlag, Boppard/Rhein

84 Maskenball, Dagmar Krenzer-Domina (RN Rolf Krenzer)

86 Ich bin ein kleiner Esel, volkstümlich

87 Rummelbummel ging spaziern, volkstümlich

88 Trat ich heute vor die Türe, aus: Die Zugabe 2, Fidula Verlag, Boppard/Rhein

92 Es tönen die Lieder (Singt ein Vogel), aus: Ars Musica Bd. 1, Singbuch, Möseler Verlag, Wolfenbüttel

93 „Kuckuck, Kuckuck", ruft's aus dem Wald, aus Österreich

94 Has, Has, Osterhas, aus: Ich singe, was ich kann, Fidula Verlag, Boppard/Rhein

95 Im Mai fällt ein Regen, Fidula Verlag, Boppard/Rhein

100 Der, die, das, Rechte beim Urheber

104 Ein Vogel wollte Hochzeit machen, volkstümlich

106 Auf der Mauer, mündlich überliefert

107 Der Frosch im roten Cabrio, aus: Der Frosch im roten Cabrio – Liederbuch, Moon-Records-Verlag, Düsseldorf

108 Watscheltanz („Auf geht's", ruft die Gans), aus: Wie kommt die Maus in die Posaune?, Aktive Musik Verlagsgesellschaft mbH, Dortmund

110 Die Hähne am frühen Morgen krähen laut (Die Hähne am frühen Morgen), Die Zugabe 3, Fidula Verlag, Boppard/Rhein

111 Horch, was macht der Gockelhahn, aus: Kinderlieder, Möseler Verlag, Wolfenbüttel

112 Komm, mein Pferdchen, aus: Die Zugabe 3, Fidula Verlag, Boppard/Rhein

113 Eine kilometerlange Riesensuperschlingelschlange, Rechte beim Urheber

116 Mit der Bummelbahn, aus: Bienchen summt im Honiggarten, Autorenverlag Worpsweder Musikwerkstatt, Worpswede

117 Wir gehen durch den großen Wald, aus: Zeige, was du hörst (Teil 1), Edition Wilhelm Hansen, Hamburg

118 Und regnet's mir zum Dach herein, Autorenverlag Worpsweder Musikwerkstatt, Worpswede

119 Regenlied (Wir denken nicht daran), Rechte beim Urheber

120 Brüderchen komm tanz mit mir, volkstümlich

121 Komm, stell dich mal mit mir in den Wind, MUSICJUSTMUSIC GmbH, München

Quellennachweis der Lieder und Texte

Seite

122 Herr Laut ging mal spazieren, Oldenbourg Verlag GmbH, München

123 Ja, wir rufen in den Wald!, aus: Kinderlieder, Möseler Verlag, Wolfenbüttel

125 Wir sind Roboter aus Witten, aus: Singt und spielt, Cornelsen Verlag GmbH, Berlin

126 Das Lied vom Müll (Was wird aus unsrem Auto), Rechte beim Urheber

127 Umweltboogie, aus: Gänseblümchen, Mildenberger Verlag, Offenburg

128 Weil heute dein Geburtstag ist, Friedrich Hofmeister Musikverlag, Leipzig

129 Wenn ein Kind Geburtstag hat, aus: Das zweite Liedernest, Fidula Verlag, Boppard/Rhein

130 Wie schön, dass du geboren bist (Heute kann es regnen), MUSIK FÜR DICH Rolf Zuckowski OHG (Sikorski Musikverlage), Hamburg

131 Ich schenk dir einen Regenbogen, MUSICJUSTMUSIC GmbH, München

132 Trarira, der Sommer, der ist da!, aus der Pfalz

133 Summ, summ, summ, aus Böhmen

134 Wiesenkonzert, MusicVision GmbH, Küsnacht

137 Diese Hitze, Cornelsen Verlag GmbH, Berlin

Seite

138 Endlich wieder Ferien, aus: Hey du da, sing mit mir! Mildenberger Verlag, Offenburg

139 Löwenzahn, Löwenzahn, zünde deine Lichtlein an (Löwenzahn, Löwenzahn), aus: Unser Liederbuch, Ernst Klett Verlag GmbH, Stuttgart

140 Wir sind die sieben Zwerge und wohnen hinterm Berge (Wir sind die sieben Zwerge), aus: Das Liedernest, Fidula Verlag, Boppard/Rhein

144 I bin da Fritzi Federl, aus: www.gsberner.musin.de/HS_Lieder/HS_Lieder.htm

145 D'Bäure hot d'Katz verlorn, aus Schwaben

146 Grün, grün, grün sind alle meine Kleider, aus Brandenburg

147 Old MacDonald had a farm, aus England

148 Doucement, les fleurs se balancent, aus: Danse-mi chante-moi Bd. 2, Éditions À Cœur-Joie

149 Telli turnam, aus der Türkei

150 Steinlied aus Afrika, aus Ghana

151 Nun stell nach hier (Nun stell nach hier und stell nach da), aus: musikpraxis 3/1979, Fidula Verlag, Boppard/Rhein

154 Sechs gewürfelt, Rechte beim Urheber

169 Ich geh mit meiner Laterne, traditionell; Tragt in die Welt nun ein Licht, Verlag Ernst Kaufmann, Lahr

Bildnachweis

S. 23: Eiffelturm, © mirubi, Fotolia.de; Petersdom, © Momentum, Fotolia.de; Big Ben, © Dariusz Urbanczyk, Fotolia.de; Blaue Moschee, © Christoph Hähnel, Fotolia.de; S. 61: Winterlandschaft, © akg-images/Erich Lessing, Berlin; S. 83: Rapper 1, © Nerlich Images, Fotolia.de; Rapper 2, © philippe Devanne, Fotolia.de; Rapper 3, © Werner Dreblow, Fotolia.de; Rapper 4, © Jelena Ivanovic, Fotolia.de; S. 96: Drehorgelspieler, © Maria Eleftheria, Fotolia.de; Kaufhaus, © Ilan Amith, Fotolia.de; Fasnacht, © Bluebird 08, Fotolia.de; DJ-Pult, © Yuyu, Fotolia.de; Riesenrad, © DeVIce, Fotolia.de; S. 97: Orgel, © Trombax, Fotolia.de; Fernsehen, © Gina Sanders, Fotolia.de; Konzertsaal, © Pavel Losevsky, Fotolia.de; S. 101: MausElefantEnte, © I.Schmitt-Menzel / WDR mediagroup licensing GmbH / Die Sendung mit der Maus ® WDR; Sandmännchen, © W.M.Weber/TV-yesterday, Fotofinder.com; Spongebob, © The Kobal Collection, Fotofinder.com; S. 115: Aquarium, © ChristArt, Fotolia.de; S. 136: Löwenzahn, © Maria Brzostowska, Fotolia.de; Schmetterling, © Peter Bialas, Fotolia.de; Glockenblume, © sunset man, Fotolia.de; Schafgarbe, © emer, Fotolia.de; Schlüsselblume, © Ljupco Smokovski, Fotolia.de; Klee, © fioko, Fotolia.de; Blaumeise, © Re.Ko. / PIXELIO; Ameise, © Hans-Peter Moehlig, Fotolia.de; Reh, © S. Flint / PIXELIO; Margerite, © Cornerstone / PIXELIO; Grashüpfer, © Erika Hartmann / PIXELIO; Hahnenfuß, © M.E. / PIXELIO; S. 155: Robert Metcalf 1-4, © Heinz Kleim; S. 156/157: alle © Evelyn Rudolf, außer: Kinder am PC, © Karlheinz Arian Kolster; S. 158/159: alle © Evelyn Rudolf Alle übrigen Fotos: Karlheinz Arian Kolster, Titisee-Neustadt

Trotz umfangreicher Bemühungen ist es in einigen Fällen nicht gelungen, die Rechteinhaber für Lieder, Texte oder Fotos ausfindig zu machen. Der Verlag ist hier für die entsprechenden Hinweise dankbar. Berechtigte Ansprüche werden selbstverständlich im Rahmen der üblichen Vereinbarungen abgegolten.